W0040789

Markus Barth, geboren 1977 in Bamberg, wuchs auf in Zeil am Main («Fachwerk! Frohsinn! Frankenwein!»). 1999 zog er nach Köln («Kölsch! Klüngel! Karneval!»). Dort arbeitet er als Autor und Headwriter für zahlreiche Fernsehshows (von «Ladykracher» bis «heute-Show»). Seit 2007 steht Markus Barth auch als Standup-Comedian auf der Bühne, sein Soloprogramm heißt «Deppen mit Smartphones». Im Januar 2011 erschien im Rowohlt Verlag sein erstes Buch «Der Genitiv ist dem Streber sein Sex. Und andere Erkenntnisse aus meinem Leben 2.0» (rororo 25514): «Brillante Standup-Comedy zum Lesen! Ich hab mich weggeschmissen!» *(Tommy Jaud)*

«Ich lese sonst nur Südstaatendramen von William Faulkner, Shakespeare-Sonette und das Spätwerk von Dschinghis Dussetneky. Ausschließlich. Aber wenn in einem Buch ‹lesbisches Mett› vorkommt, werde ich schwach.» *(Anke Engelke)*

MARKUS BARTH

Mettwurst ist kein Smoothie

**Und andere Erkenntnisse
aus meinem Großstadtleben**

Rowohlt Taschenbuch Verlag

Für Joachim

Originalausgabe
Veröffentlicht im Rowohlt Taschenbuch Verlag, Reinbek
bei Hamburg, Oktober 2012
Copyright © 2012 by Rowohlt Verlag GmbH,
Reinbek bei Hamburg
Umschlaggestaltung any.way, Barbara Hanke/Cordula Schmidt
(Foto: Max Oppenheim/Getty Images)
Satz Pinkuin Satz und Datentechnik, Berlin
Druck und Bindung Druckerei C. H. Beck, Nördlingen
Printed in Germany
ISBN 978 3 499 25856 5

«Wir haben uns von Konsum und Fortschritt
überrollen lassen … Müssen wir zu allem ja sagen,
was wir aufgetischt kriegen?»
> *(Öko-Bauer Michael Koch in einem beeindruckenden Artikel*
> *über sein Leben im Verzicht)*

«Ach weißte was, jetzt bestell ich mir endlich das
neue iPad.»
> *(Markus Barth, zwei Minuten nachdem er den beeindruckenden*
> *Artikel über Michael Koch gelesen hat)*

Inhalt

9 Vorwort

11 Mettwurst ist kein Smoothie

16 Deutscher Meister im Danebensitzen

20 Kurze Frage

22 Homo-Ehe für Dummies

27 Mitte 30 und noch nicht mal auferstanden

31 Spaß mit bunten Bildern

35 Betonhüften-Republik Deutschland

40 Der Zwetschgenhansel

44 Putzfrau gesucht

46 3D olé

50 Das Müll-Wiesel

54 Der palozische Ziegenhirte

59 Kampf dem Kauz

64 Party-Gag

66 Innenhof-Zapping

71 Mehr Land!

74 Fusselbart mit Hut

80 Tröööt … Sprotz … Pffft!

85 Bockige Beine

88 Die bittere Wahrheit über Chicorée

91 Herzlich willkommen, Frau Brath!

94 Goldstaub und Ketten

97 Küchen-Krieg

100 Sidewalk Rage

104 Urlaub mit wilden Tieren

111 **Respekt**

112 **Die Nacht der singenden Lebenden**

116 **Da hat aber einer was vor**

121 **Düngen ist für Muschis**

125 **Gassi-Mikado**

129 **Wünsch dir was!**

134 **Das «Morgenmagazin»-Dilemma**

140 **Mein Fasten-Tagebuch**

144 **In Polen töten sie Hunde**

149 **Das iPad-Menetekel**

153 **Katja und Tom und James**

156 **Sanitär-Magie**

159 **Judgement Day**

165 **Erste Klasse**

168 **Die wahrscheinlich langweiligste Familie der Welt**

172 **Habibi**

175 **Souvenir, Souvenir!**

180 **Sprich! Mich! An!**

185 **Noch Fragen?**

187 **Epilog: 5 Sterne**

191 **Danke …**

Vorwort

Seit 15 Jahren wohne ich in der Großstadt. Alle Berliner Leser kichern vermutlich schon jetzt in sich hinein. «Haha», werden sie sagen, «lebt der nicht in Köln? Das ist doch keine Stadt! Das ist ein Kathedralen-Kaff.»

Und ein bisschen haben sie da sogar recht. Wenn man eine Zeitlang hier wohnt, merkt man: Köln ist im Grunde nur ein gemütliches rheinisches Dorf mit überraschend vielen Häusern. Manchmal glaube ich, diese Stadt hat nur deshalb so viele Gebäude und so lange Straßen, weil sonst der Rosenmontagszug zu schnell vorbei wäre.

Aber immerhin bekommt man hier auch nach zehn Uhr abends noch ein warmes Essen und nach zwei Uhr nachts eine Tüte Chips – für mich die Grundanforderungen an einen dauerhaften Wohnsitz (sorry, München, damit scheidest du wohl aus). Außerdem kann man hier so verrückte Dinge machen wie die «Lange Nacht der Museen» besuchen, bei einem Flashmob am Hauptbahnhof mittanzen und Kurse für chinesischen Obertongesang belegen. Nicht dass ich das jemals tun würde. Aber ich *könnte*, darauf kommt es doch an!

Zugegeben: Manchmal macht mich das Stadtleben auch wahnsinnig. Zum Beispiel, wenn mein Auto zum dritten Mal in zwei Monaten aufgebrochen wird. (Ein Camping-Bus! Was haben die sich erhofft? Ravioli aus Gold?) In meiner fränkischen Heimat kann man ein Auto wochenlang unabgesperrt stehen lassen, ohne dass irgendetwas passiert. Man kann sogar die Tür sperrangelweit öffnen. Dann kommt höchstens mal ein Nachbar vorbei und lehnt sie vorsichtig an, weil sonst der Hänger mit dem Grünschnitt nicht vorbeipasst.

Aber noch halte ich es aus in der Stadt. Noch hat das Reihenendhaus im Oberbergischen, dieses schwarze Loch für Mittdreißiger, das sie alle anzieht und früher oder später verschluckt, keine Sogwirkung auf mich.

Gut, wenn mein nächstes Buch dann heißt: «Da komm ich mit meinem Hänger nicht durch! – Erkenntnisse aus meinem Land-Leben», dann wissen Sie, was passiert ist.

Köln, im April 2012
Markus Barth

Mettwurst ist kein Smoothie

Erfinder sind meine Helden. Ich habe jahrelang davon geträumt, irgendwann einmal selbst ein Produkt zu entwickeln, das die Menschheit so richtig nach vorne bringt. Meine einzige Erfindung entstand allerdings im Laufe einer sehr langatmigen Religionsstunde in der zwölften Klasse: die Nasenloch-Verstärker.

Das waren zwei normale Lochverstärker, die man sich bei starkem Schnupfen über die Nasenlöcher klebt, damit die nicht immer so einreißen und wund werden. Vielleicht ist es Ihnen schon aufgefallen: Das Ganze wollte sich nie so richtig durchsetzen. Später habe ich es noch mit einer Variation versucht: dem Mundwinkel-Verstärker (zwei halbe Lochverstärker links und rechts gegen eingerissene Mundwinkel). Aber auch das hatte nicht den gewünschten Erfolg.

Erfindungen sind heutzutage aber auch eine schwierige Sache. Wie großartig muss das früher gewesen sein. Man sagte einfach: «Hör mal, is' ganz schön kalt hier. Ich mach mal Feuer!», und hoppla – schon hatte man das Feuer erfunden. Heute dagegen sind die Grundlagen der Zivilisation schon alle entdeckt: Feuer, Rad, Tesafilm. Da kann es passieren, dass ein Tüftler nach jahrelanger Entwicklungsarbeit freudestrahlend aus seinem Labor gerannt kommt und ruft: «Heureka! Ich habe den dipolaren Chromosomen-Fluxator erfunden!», und seine Mitmenschen schauen ihn nur unbeeindruckt an. Vielleicht sagt dann sogar einer: «Ach, erfind doch lieber mal 'nen Tetrapack, den man öffnen kann, ohne dass die Milch oben rausschwappt», und der arme Mann verzieht sich wieder beleidigt in sein Labor.

Ein frustrierender Job.

Deshalb überlasse ich das Erfinden inzwischen lieber anderen. Und ich bin immer wieder überrascht, welche Neuheiten sich bei konsumfreudigen Großstädtern durchsetzen und welche nicht.

Beispiel: die Kopfmassagen-Kralle. Es gibt wohl kaum etwas, das so bescheuert aussieht, wie Menschen, die sich so einen Drahtkraken auf den Kopf setzen und ihn langsam auf und ab bewegen. Ich ließe mich ja vielleicht zum Kauf überreden, wenn mich wenigstens der Effekt überzeugen würde. Aber ich habe es mal bei einer Freundin, die so ein Ding hatte, ausprobiert und finde eine Kopfmassage mit der Drahtkralle genauso entspannend, wie eine halbe Stunde ohne Mütze durchs Gebüsch zu rennen. Trotzdem zahlen Millionen Menschen fünf bis zehn Euro für das bisschen Draht. Es ist mir ein Rätsel.

(Immerhin: Die Freundin erzählte mir, dass sie die Kralle mal an ihrem Hund ausprobiert hat. Der wurde dadurch aber so wuschig, dass er sich anschließend eine halbe Stunde lang an seinem Lieblingsstofftier schubberte. Das erzählte sie mir übrigens, nachdem sie mir die Kralle geliehen hatte.)

Eine andere Erfindung hat mir mein Kollege Sven vor kurzem aufgedrängt.

«Guck mal», sagte er und platzierte fünf bunte Fläschchen auf meinem Schreibtisch. «Ich hab Smoothies gekauft. Die guten aus England. Schon probiert?»

Noch so eine Sache, die mich ratlos macht: dass Engländer auf einmal als Fachmänner in Sachen gesunder Ernährung gelten. Früher aß man bei einem Ausflug auf die Insel Pommes mit Essig und Majo und gönnte sich hinterher einen frittierten Mars-Riegel. Heute pürieren die Erfinder von Black Pudding und Clotted Cream lieber Mangos, Litchis und Boysenbeeren, und Jamie Oliver rupft noch ein bisschen frische Minze obendrüber. Ich könnte schreien.

Da gegen Svens Begeisterung nicht anzukommen war, öffnete ich ein Fläschchen und setzte es an die Lippen.

«Und, wie schmeckt's?», fragte er.

«Obft-Mapf», antwortete ich.

«Bitte was?»

«Es schmeckt nach Obst-Matsch», sagte ich, nachdem ich die Pampe runtergeschluckt hatte. «Wahrscheinlich, weil es Obst-Matsch ist.»

«Das ist doch kein Matsch. Das ist feinstes Fruchtpüree mit Fruchtsaft. Und jedes Fläschchen enthält das Gute aus zwei Portionen Obst!»

«Das enthalten zwei Portionen Obst aber auch! Wie viel kostet der Spaß denn?»

Sven zuckte die Schultern. «Keine Ahnung. Vier Euro oder so.»

«*Vier Euro?* Für 200 Milliliter püriertes Obst, das wahrscheinlich so gammelig war, dass sie es im Laden nicht mehr losgekriegt hätten?»

«Seit wann bist du denn so fortschrittsfeindlich?», fragte Sven.

«Bin ich gar nicht», antwortete ich. «Es graut mir nur davor, dass bald alles, was püriert, zermatscht und gehäckselt ist, Smoothie heißt und doppelt so viel kostet wie vorher. Reibekuchen mit Apfel-Smoothie, Bratwürste mit Kartoffel-Smoothie und aufm Weihnachtsmarkt Kohl-Smoothie mit Schweine-Smoothie.»

Sven schaute mich fragend an.

«Grünkohl mit Mettwurst», erklärte ich.

Sven verdrehte die Augen: «Kannst sagen, was du willst. Das ist 'ne tolle Erfindung.»

«Im Grunde ist das doch gar keine Erfindung», protestierte ich. «Obst wird schließlich von ganz alleine zum Smoothie. Du musst es nur lange genug im Korb liegen lassen.»

Sven schüttelte den Kopf.

«Ich lass dir die anderen mal da. Du wirst schon noch Fan.»

Dann zog er ab. Ich nahm mir ein Fläschchen und las die Aufschrift:

«Wir versprechen, dass wir niemals Konzentrate in unsere Smoothies mischen. Sonst kannst du es unseren Müttern erzählen.»

O Gott, dachte ich, der Obst-Matsch ist auch noch lustig! Ich hatte plötzlich unbändige Lust auf eine ganz humorlose deutsche Apfelschorle.

In dem Moment kam meine Kollegin Meike ins Zimmer und sah mich mit den Fläschchen.

«Wow, Smoothies!», rief sie. «Darf ich einen haben?»

«Klar. Alle. Sag bloß, du magst die?»

Sie nickte begeistert. «Ich verdünn sie mir aber immer mit Wasser. Sind mir sonst zu dickflüssig.»

Ich runzelte die Stirn. «Du verdünnst sie?»

«M-hm.»

«Aber sind verdünnte Smoothies nicht quasi einfach … Saft?»

Sie überlegte kurz. Dann nickte sie und lachte: «Stimmt!» Sie nahm sich kopfschüttelnd das Maracuja-Mango-Fläschchen und ging in die Küche.

Dass solche Leute meine Nasenlochverstärker nicht kaufen wollten, wird mir für immer ein Rätsel bleiben.

Deutscher Meister im Danebensitzen

«Dein Bruder kann mich nicht leiden», sagte Stefan und schaute ernsthaft betrübt. Wir waren gerade zwei Monate zusammen und fuhren von unserem Familien-Antrittsbesuch in Franken zurück nach Köln.

«Wie kommst du denn darauf?», fragte ich, völlig irritiert.

«Der hat den ganzen Tag kein Wort mit mir geredet!»

«Na und?» Ich war erstaunt. «Das ist doch kein Zeichen, dass er dich nicht leiden kann!»

«Ach nein?»

Ich zuckte die Schultern. «Ich treffe jeden Tag Menschen, mit denen ich nicht rede. Den Busfahrer, den Besoffski im Kiosk, die lebende Statue am Rudolfplatz. Mit denen hab ich noch nie ein Wort gewechselt. Das heißt doch nicht, dass ich sie nicht leiden kann!»

Stefan schüttelte den Kopf. «Die lebende Statue sitzt dir auch nicht am Frühstückstisch gegenüber! Wenn dein Bruder mich leiden könnte, warum nimmt er dann, während ich von unserem Urlaub erzähle, den Sportteil der Zeitung und fängt an zu lesen?»

«Das kann ich erklären!», rief ich.

«Ach ja?»

«Ist doch klar: Den Politikteil hatte ja ich!»

Das war vielleicht die härteste Lektion, die Stefan in unserer Beziehung lernen musste: Kommunikation spielt in meiner

Familie eine sehr untergeordnete Rolle. Wir können ganze Tage damit verbringen, zufrieden, aber wortlos vor uns hin zu schauen. Wenn es fürs Nichtkommunizieren eine Meisterschaft gäbe, meine Familie würde jedes Jahr den Cup holen.

(*Einsatz Gerd Rubenbauer:*) «Meine Damen und Herren, herzlich willkommen zur Deutschen Meisterschaft im Danebensitzen. Unser nächster Teilnehmer: Markus Barth. Wir sehen ihn hier eingebettet in eine Kaffeerunde aus 14 Personen. Alle schnattern, alle reden, aber Markus Barth, der bleibt eisern, der schaut lächelnd vor sich hin, piddelt am Kerzenwachs herum und sagt kein Wort. Denn das ist sein Motto: ‹Nur dabei statt mittendrin!› Das hat er von seinen Eltern. Unvergessen die Barth'sche Hochzeitsfeier von 1969, auf der die beiden Ja-Worte die einzigen des Tages blieben …»

Manchmal glaube ich, es liegt gar nicht an meiner Familie, sondern eher an dem Landstrich, aus dem wir kommen. Der Franke an sich spricht einfach nicht gerne. Und wenn er es doch tut und zum Beispiel Lothar Matthäus heißt, wünscht sich alle Welt, er würde es wieder lassen.

Wer sich also in einem fränkischen Restaurant zu Einheimischen an den Tisch setzt, grüßt und dann auch noch um die Speisekarte bittet, muss schon damit rechnen, dass jemand die Augen verdreht und stöhnt: «Die Gosch'n geht in einer Tour!»

Im Grunde reicht nämlich ein einziges Wort, um sich in Franken zu verständigen. Es ist das schöne Wörtchen «Hrmpf». Natürlich ist es eher ein Laut als ein Wort, er kommt aus einer bei Franken besonders ausgeprägten Ecke des Brustkorbes, man zieht dazu kurz die Schultern nach oben und lässt Luft durch die Lippen gleiten: «Hrmpf.» Das Schöne an

«Hrmpf»: Man kann es bei jeder Gelegenheit von sich geben. Als Gruß, als Ersatz für die Frage: «Wie geht's?» und auch als Antwort darauf. «Hrmpf» passt immer. Vorausgesetzt, man stört damit niemandem beim Danebensitzen.

Meine Leidenschaft fürs Nonverbale hat Stefan anfangs vor allem deshalb so verwirrt, weil in seiner Familie traditionell sehr gerne gesprochen wird. Und am liebsten: gleichzeitig.

Unser erster Besuch bei meiner Schwiegerfamilie lief folgendermaßen ab: Wir saßen am Kaffeetisch, Bruder, Schwester und Oma musterten mich und fragten dann simultan: «Wie geht's dir? / Was macht der Hund? / Was arbeitest du?»

Ich schaute ratlos von einem zum anderen, während Stefan mir im Hintergrund die Fragen noch einmal gestisch zu vermitteln suchte. Bevor ich aber etwas sagen konnte, setzten die drei schon wieder an: «Wo kommst du her? / Was ist das für 'ne Rasse? / Scheint bei euch daheim auch die Sonne?»

Mir lief allmählich der Schweiß von der Stirn, und ich fing an, am Wachs der Tischkerze herumzupiddeln.

Stefan wollte mir zu Hilfe kommen, aber als er zu sprechen anfing, taten sein Vater und seine Mutter natürlich dasselbe, und ich hörte nur einen Mix aus:

«Jetzt lasst ihn doch mal! / Was hat er denn? / Der hat doch was!»

Ich atmete tief durch, schaute von einem zum anderen, zog die Schultern hoch und sagte dann das Einzige, was mir in dem Moment einfiel:

«Hrmpf.»

Mittlerweile kriegen wir das übrigens etwas besser hin. Stefan hat seiner Familie nach unserem dritten Besuch einfach erzählt, dass ich aufgrund eines Tauchunfalls ein Hörgerät tragen muss und die Batterien «der totale Murks sind, fünf Minuten, dann kannste die wegschmeißen». Seitdem starren mir zwar immer alle auf die Ohren und sagen dabei: «Wo soll das sein? / Ich seh nix! / Kauf dir mal ein neues!», aber wenigstens kann ich ungestört vor mich hin schauen.

Gleichzeitig hat Stefan es sich zur Aufgabe gemacht, die Schweigemauer meiner Familie zu durchbrechen. Und hat damit sogar Erfolg. Ich kann voller Überzeugung sagen, dass ich fast alles, was ich über meine Familie weiß, von Stefan gelernt habe. Nach der letzten größeren Familienfeier seufzte er auf der Rückfahrt tief und sagte dann zu mir: «Ich finde es toll, wie deine Tante Anna den Verlust ihres Mannes weggesteckt hat.»

Ich schaute ihn mit großen Augen an. Stefan legte den Kopf schief: «Sag bloß, du wusstest nicht, dass ihr Mann gestorben ist!»

Ich schaute ihn mit noch größeren Augen an.

Und fragte dann: «Wer ist Tante Anna?»

Kurze Frage

Lieber Online-Klamottenversand «Frontlineshop»,

zwei Sachen muss ich vorausschicken:
Erstens: Ich bin wahnsinnig dankbar, dass es euch gibt.
Kleidung im Internet zu bestellen war schon immer einer
meiner größten Träume. Direkt nach «Treppenlifte mit
Achterbahn-Speed» und «ARD ohne Reinhold Beck-
mann». Meine Einkäufe schleppe ich leider noch immer
zu Fuß nach oben, und Beckmann, der alte Journalisten-
Imitator, hängt weiterhin donnerstagabends quer über
seinem Schreibtisch. Aber wenigstens ihr habt meinen
Wunsch erfüllt. Ich kann meine Klamotten jetzt bei euch
kaufen und spare mir das entsetzliche Geshoppe in der
Innenstadt, wo mir fünfzehnjährige Verkäufer, dünn wie
Reisigzweige, mitleidig lächelnd die 33er-Jeans reichen.
Danke!

Zweitens: Ich bin wirklich kein Sprachpedant. Ich bin auch
kein Mitglied der «Gesellschaft für deutsche Sprache»
und möchte es nie werden. Mich langweilen diese spaß-
freien Anglizismen-Zähler, die den lieben langen Tag
vor ihren Computern, ach nee: *Rechnern,* sitzen und im
Zwischennetz nach *Sprachpanschern* suchen, um dann
sofort eine Beschwerde-Elektro-Post zu verschicken. Das
ist anstrengendes Korinthengekacke für Deutschlehrer
mit zu viel Zeit.

ABER!

Lieber Frontlineshop aus Hamburg,
wenn ich jetzt einfach mal quer über euren letzten
Newsletter lese, in dem ihr euren *Supreme Sale* ankün-
digt mit den *February Essentials,* ach was sag ich:
den *Key-Pieces des Monats.*
Wenn mir dann gleich der *Buffalo Bomber Beanie* mit
dem *Fake-Fur* ins Auge springt, bevor der *vielseitig kom-
binierbare Charlie im cleanen Colorblock-Look* meine
ganze Aufmerksamkeit beansprucht.
Wenn ich dann kurz denke: «Ach guck, ein Wollpulli»,
aber sofort von euch eines Besseren belehrt werde, weil
es sich um einen *Shawl Troyer Charcoal Heather* handelt.
Wenn ich dann langsam zu den Schuhen komme, die alle
so fresh sind, und ich mich dort entscheiden muss, ob ich
den *herausragenden Mid-Topper* von Adidas oder doch
lieber den *Top Sider im Preppy-Style* nehme.
Wenn sogar so *unangestrengte Basics* wie das *Cotton
Flight Jacket* und der *topaktuelle Henley* von euch zu
Everyday-Pieces erklärt werden.
Und wenn ich ganz unten auch noch von euch aufgefor-
dert werde, in eurem *Sale Forever* aus *1000 reduzierten
Styles* meine persönlichen *Faves* rauszusuchen …

Da muss man doch schon mal fragen dürfen:

HAVE YOU THEM NOCH ALL?

Herzlichst
Markus Barth

Homo-Ehe für Dummies

Stefan und ich sind jetzt seit zehn Jahren zusammen. Das entspricht umgerechnet ungefähr siebzig Hetero-Jahren. Deshalb fanden wir es irgendwann eine gute Idee, zu heiraten. Man konnte ja schon damals, 2001, kaum ablehnen, als der Staat plötzlich sagte: «Hört mal, ihr Schwuppsis, folgender Vorschlag: Ihr dürft ab jetzt heiraten, ihr dürft's nur nicht so nennen. Wir sagen lieber ‹verpartnert› oder ‹eingetragen› oder sonst irgendwas, das eher nach 'nem Zeitschriften-Abo klingt als nach Lebensbund. Rechte bekommt ihr auch keine, oder zumindest nicht so richtig viele, und das mit der Adoption, also, Freunde, da müsst ihr ja wohl selber lachen, oder? Aber immerhin haben wir uns dazu entschlossen, euch aufs Standesamt zu schicken und nicht auf die Kfz-Zulassungsstelle. Das ist doch schon mal was!»

Wie gesagt – ein verlockendes Angebot. Und in den letzten zehn Jahren hat sich alles noch mal verbessert, wir dürfen jetzt zum Beispiel … ähm … also wir können mittlerweile …

Na, jedenfalls wurde alles noch viel geiler, wer will sich da verweigern?

Wir haben also vor drei Jahren geheiratet. Wenn ich trotzdem – auch hier – meistens von meinem «Freund» rede, dann nur, weil mir der Ausdruck «mein Mann» immer noch nicht so richtig flüssig über die Lippen geht. «Mein Mann und ich», das klingt irgendwie nicht nach Stefan und mir. Oder überhaupt nach Mittdreißigern, die noch was vorhaben im Leben.

Das klingt eher nach Chirurgengattinnen, die bei der Abo-Hotline der Kölner Philharmonie anrufen und so etwas sagen wie: «Mein Mann und ich sind sehr ungehalten über das Arbeiterpärchen, das gestern neben uns saß!»

Immer wieder überrascht mich, wie viele Leute noch nicht wissen, dass Lesben und Schwule in Deutschland heiraten können. Das klingt unglaublich, aber ich weiß nicht, wie oft mir schon Menschen gegenüberstanden und mich fragten: «Wird das hier denn anerkannt, so 'ne holländische Ehe?»

Und bevor nun die Leser mit Hochschulabschluss wissend in sich hineinschmunzeln und denken: «Na, das dauert eben, bis so eine Nachricht ins Prekariat hinabsickert», sage ich lieber gleich: Vorsicht! Ignoranz ist nach meiner Erfahrung vollkommen schulabschlussunabhängig! Meine Lieblingsreaktion stammt nämlich von einem durch und durch unprekären Redakteur, den ich auf einer Party kennenlernte. Nachdem ich ihm von Stefan und mir erzählt hatte, strahlte er mich an, als wäre ich ein Einrad fahrendes Känguru, und kiekste fröhlich: «Sie haben einen Mann geheiratet? Haha, das ist ja lustig! Und wer war die Braut?»

Das gibt's doch nicht, dachte ich damals, im dritten Jahrtausend noch so ein von Klischees durchsetztes Bild von Homosexuellen – das muss sich ändern. Deshalb werde ich jetzt und hier ein bisschen Aufklärungsarbeit leisten. Mit einem echten, unverfälschten Einblick in unser Eheleben, wie es *wirklich* ist. Damit all die Vorurteile für immer ad acta gelegt werden können. Quasi «Homo-Ehe für Dummies»:

Im Grunde sind wir ganz normale Männer, die all das tun, was Männer so tun: essen, schlafen, Nägel lackieren. Wir wohnen in einem bescheidenen Luxus-Loft in der Kölner Innenstadt, das wir auch selbst eingerichtet haben, zusammen mit unseren beiden besten Freunden: «IKEA» und «Rosa Wandfarbe». Die Wohnung sieht immer aus wie geleckt; wie sollte sie auch verdrecken, Stefan und ich kleben uns ja dreimal am Tag einen Freddie-Mercury-Gedächtnis-Schnauzer ins Gesicht, schlüpfen in den dazu passenden Lederrock, singen «I want to break free» und tanzen staubsaugend durch alle Zimmer.

Dumm ist's nur, wenn in der Wohnung mal was kaputtgeht. Da sind wir natürlich vollkommen aufgeschmissen. Aber dann schreien, heulen und jammern wir einfach so lange, bis unsere Freundinnen, die Lesben, in ihren Overalls und Holzfäller-hemden kommen. Die schrauben dann mit ihrer Lieblings-rohrzange ein bisschen in der Gegend herum und rotzen dann und wann in die Ecke, während wir die Sporttasche packen und uns in den «Bauch, Beine, Po»-Kurs verabschieden.

Nach dem Sport gehen wir einkaufen. Wir haben ja keine Kinder und wissen deshalb oft gar nicht, wohin mit dem ganzen Friseursgehalt. Also shoppen wir Klamotten in schwulen Klamottenläden, Blumen in einem schwulen Blumenladen und schwulen Aufschnitt in einer schwulen Metzgerei. Und als Dank für die Reparaturdienste für unsere Freundinnen zu Hause noch ein halbes Pfund lesbisches Mett.

Auf dem Heimweg schauen wir dann oft bei unserem Freund Waltraud und seinem kleinen Filipino vorbei. Die beiden sind schon etwas älter und werden eigentlich nur noch von Steroiden und Poppers zusammengehalten. Wenn sie sich nicht zufällig gerade wieder gegenseitig an ihren Nippelrin-gen durch die Wohnung ziehen, trinken wir mit ihnen einen

Schluck Champagner aus Original-Desiree-Nick-Pumps und ziehen dann weiter. Manchmal gehen wir auch noch zur Kosmetikerin. Körperpflege ist für uns ja sehr wichtig, da unsere Haut durch das viele Rumsitzen in schwulen Saunen so runzlig wird.

Abends ziehen wir dann mit unserer besten, aber leider sehr dicken und unansehnlichen Freundin durch die Kneipen und gehen unserer Lieblingsbeschäftigung nach: Hetero-Männer schwul angucken. Viele von Ihnen haben das ja schon immer geahnt und gerne auch laut geäußert: Schwule glotzen immer so. Das stimmt natürlich, aber wie soll man auch anders? Frauen werden das bestätigen: Die meisten heterosexuellen Männer sind nun mal so unfassbar unwiderstehlich, dass man einfach hingucken muss! Gerade, wenn sie das achte Pils intus haben! Hmmm, Schaum-Schnurrbart und Bier-Bäuerchen – wer könnte da *nicht* glotzen?

Nur zum Fußballschauen können wir uns nicht aufraffen, das weiß ja jedes Kind, Schwule haben keine Ahnung von Fußball. Es gibt auch keine schwulen Fußballspieler, wie soll das auch gehen, Fußball ist was für echte Männer. Kerle, die morgens nach dem Aufstehen erst mal einen Braunbären mit den Händen erlegen und danach aus einer Eichenrinde ein bisschen Feuerholz herausbeißen. Männer wie Christiano Ronaldo. Wir dagegen haben's eher so mit Synchronschwimmen und rhythmischer Sportgymnastik, also im Grunde nur Sportarten, bei denen im Hintergrund ABBA laufen kann.

Und obwohl wir kein Fußball gucken, sind wir am Wochenende gut beschäftigt, denn da müssen wir die traditionelle Ehe bedrohen. Konservative Kritiker haben das ja blitzschnell festgestellt: Die Homo-Ehe bedroht die traditionelle Ehe, und das ist eine Scheißarbeit. Oft liege ich stundenlang in einem Gebüsch und warte darauf, dass ein traditionelles Ehepaar vorbeikommt. Dann rufe ich: «Hab ich euch!» oder «Wenn ich euch erwische!» oder sonst irgendwas Bedrohliches.

Kürzlich hat der Papst auch noch festgestellt, dass die Homo-Ehe die Zukunft der Menschheit bedroht, aber ganz ehrlich, das wird mir allmählich zu viel. Wann soll ich das denn noch machen? Ich muss schließlich auch noch die Jugend verderben und meine Sammel-Edition «Golden Girls» durchgucken.

Tja, das wär's so im Groben. Sie sehen: Im Grunde sind wir doch gar nicht so unterschiedlich. Ob hetero, ob homo – im Grunde wollen wir doch alle dasselbe: lieben, geliebt werden und uns ab und zu quer durch einen Dark Room vögeln.

Mitte 30 und noch nicht mal auferstanden

Als ich zehn Jahre alt war, fragte mich mein Vater, was ich mal werden will.

«Astronaut», antwortete ich wie aus der Pistole geschossen.

Mein Vater nickte bedächtig, überlegte kurz und sagte: «Okay, das wird aber nicht einfach. Und denk dran: Astronauten haben keinen Tarifvertrag. Ich könnte noch nicht mal mit Sicherheit sagen, ob du für den Weg von hier zur ISS eine Kilometerpauschale bekommst.»

Danach war das Thema erledigt, und ich bin meinem Vater noch heute dankbar. Hätte er damals schon von all den Motivationstrainern und Coaches gehört, die uns heute aus jedem Bücher- und Zeitschriftenregal ihren ungebremsten Optimismus entgegenblöken, hätte er vielleicht gesagt: «Ein toller Wunsch! Wenn du nur fest dran glaubst, kannst du's schaffen!» Dann wäre ich heute immer noch kein Astronaut, hätte dazu aber auch noch ein schlechtes Gewissen, weil ich ja nicht fest genug daran geglaubt habe.

Motivationstrainer, das sind Menschen, die früher mit Vorwerkstaubsaugern von Tür zu Tür zogen oder in der Fußgängerzone mit einem Börner Qualitätshobel Karotten in Stifte schredderten. Da die Karrieremöglichkeiten dabei aber beschränkt sind, haben sie irgendwann ihr Equipment verkauft und sich einen etwas schickeren Anzug zugelegt; sie schreiben jetzt Bücher und beschallen ganze Stadien mit Weisheiten wie: «Glaub an dich! Du kannst alles schaffen, was du willst! Hauptsache, dein Schreibtisch ist aufgeräumt und der Bestellzettel ans Universum ausgefüllt!» *Ein* Mal möchte ich einen ehrlichen Motivationstrainer hören. Einen, der realistisch bleibt und ruft: «Du kannst alles schaffen ... (dann, etwas leiser) was du schaffen kannst. Den Rest eher nicht.» Macht natürlich keiner von denen. Zum einen ist das ein etwas sperriger Slogan. Zum anderen ahnen die Jungs, dass sie dann sehr bald wieder Gemüsestifte aufs Kopfsteinpflaster sprenkeln würden.

Der Grundgedanke ist natürlich ehrenwert. Auch in meinem Leben gäbe es weiß Gott Verbesserungsmöglichkeiten. Ich bin jetzt Mitte dreißig – in meinem Alter war Hannibal schon über die Alpen gezogen! Mozart hatte rund zwanzig Opern geschrieben! Und Jesus, der alte Angeber, war sogar schon auferstanden. Ich dagegen bin noch nicht mal tot. Wie gesagt: Da ginge noch was. Aber man muss sich doch mal überlegen, von wem man sich Tipps geben lassen will und von wem nicht.

Beispiel: Heiner Lauterbach. Der machte sich letztes Jahr unter der Überschrift «Ja, ich schaffe das!» – Verzeihung, ich meinte natürlich: «**JA, ICH SCHAFFE DAS!**» – auf dem Titelbild des *Focus* breit und starrte eisern auf einen See. Da stellte sich natürlich die Frage, was er denn eigentlich schaffen will. Den See zufrieren? Auftauen? Das Wasser teilen? Zuzutrauen wär's ihm, denn ausgerechnet Heiner Lauterbach, der früher nie dafür bekannt war, sich selbst oder anderen den gemütlichen Kneipenabend zu vergällen, hat jetzt allen Lastern abgeschworen. Und sagt seitdem Sätze wie: «Sich im Bett umdrehen, dann den Fernseher anmachen, in der Nase bohren – das ist doch nichts.» Doch, Herr Lauterbach, das ist was! Das ist mein perfekter Sonntagmorgen!

Der *Focus* hatte aber noch mehr Menschen zu bieten, um mein verquastes Schluderleben aufzupeppen. Tim Raue zum Beispiel, den Berliner Sternekoch, der in jeder Talkshow, jeder Kochsendung, in Zeitschriften, Büchern und zur Not sicher auch ungefragt in der Fußgängerzone von seiner schlimmen Kindheit erzählt. «Man muss sich Ziele setzen», klärte der auf, «sonst kann man morgens auch im Bett bleiben.» Schon wieder das Bett. Was haben diese Leute alle gegen mein Bett? Letztes Jahr erst neu gekauft, Echtholzgestell mit Kaltschaummatratze – legt euch doch erst mal rein, bevor ihr so rumlästert!

«Schau dich im Spiegel an und analysiere: Was kann ich? Wohin will ich?», riet Herr Raue weiter. Aber je mehr man von diesem anstrengenden kleinen Küchenkobold liest, umso schneller möchte man ein Buch kaufen, das einem erklärt, wie man *nicht* Tim Raue wird.

Und dann war da noch Gerlinde Kaltenbrunner. Die einzige Frau, die 13 Achttausender ohne Sauerstoff bestiegen hat. 13 Achttausender! «Was treibt Menschen zu Höchstleistungen? Wie wecke ich diese Kraft?», fragte der *Focus*. Haben Sie den kleinen Denkfehler zwischen den beiden Sätzen entdeckt? Richtig: Wer sagt denn, dass ich diese Kraft wecken *will*? Sollte ich jemals eine solche Kraft in mir entdecken, würde ich sie mit dem stärksten Barbiturat, das zu bekommen ist, ins nächste Jahrtausend wegschläfern. Auf Achttausendern ist es kalt! Man muss stundenlang fliegen, bis man erst mal einen findet, und wenn man da ist, kraxelt man tagelang bergauf, denn die meisten Achttausender sind auch noch verdammt hoch. Und übrigens: Warum macht Frau Kaltenbrunner das ohne Sauerstoff? Ist das eine Leistung? Wenn die Luft dünn ist, dann nimm dir was zum Atmen mit, Gerlinde! Wenn ich ohne Wasserflasche in die Wüste reite, gelte ich doch auch nicht als Bezwinger der Naturgewalten, sondern als schlecht vorbereiteter Depp!

Mein Fazit daher: Wenn sich meine Wünsche nicht erfüllen, kann es natürlich sein, dass ich nicht hart genug dafür gekämpft, nicht fest genug daran geglaubt oder zu oft in der Nase gebohrt habe.

Vielleicht habe ich mir aber auch einfach nur Unsinn gewünscht.

Spaß mit bunten Bildern

«Da hat sich aber einer gelangweilt!», sagte ich zu meinem Lieblingsschuhverkäufer und musste lachen.

«Wie kommst du denn darauf?», fragte er und schaute mich verständnislos an, während er meine neuen Sneaker einpackte.

«Na, wenn du schon Zeit hast, dir ein Herz auf die Finger zu kritzeln!»

Ich deutete auf seine linke Hand: Auf Zeige- und Mittelfinger prangte je ein halbes, kugelschreiberblaues Herz. Wenn er die Finger schloss, erschien es komplett, spreizte er sie, sah man die zackigen Kanten der zerbrochenen Herzhälften. «Alter, Alter, das ist wirklich die kindischste Scheiße, die ich seit Jahren gesehen habe», kicherte ich. «Rubbel das wieder weg! Und sag mir bitte, dass du dir dasselbe nicht auch noch auf die Oberschenkel gemalt hast!»

Er schaute mich an, als hätte ich ihn nach einem Paar Deichmann-Sandalen gefragt. «Das ist ein Tattoo», sagte er dann und ließ meine Schuhe in die Papiertüte plumpsen. Ich hörte auf zu lachen.

«Ah … Ähm … Ach so … », war das Einzige, was ich noch herausbrachte.

Und dann, einfach nur um die Stille im Raum zu füllen, ein unsicheres: «Bleibt die Frage mit den Oberschenkeln!»

Man sollte es einfach nicht tun. Menschen auf körperliche Veränderungen anzusprechen ist eigentlich immer eine schlechte Idee und endet meistens in einem verbalen Auffahrunfall.

«Haha, bist du auf der Sonnenbank eingeschlafen?» –
«Neurodermitis-Schub. Danke.» Rums!

«Mann, zieh doch den Pulli aus, oder musst du Einstich-
stellen verstecken?» – «Exakt.» Krach!

«Oh, wann isses denn so weit?» – «Ich bin nicht schwan-
ger!» Mega-Rums!

Es kann eigentlich nur schiefgehen.

Am schlimmsten ist es aber eben bei Tätowierten. Als mir
kürzlich ein Freund sein neues Tattoo präsentierte, strengte ich
mich immens an, um möglichst begeistert zu wirken. «Wow,
das ist ja wirklich ein sehr, sehr hübscher Delfin!»

Er drehte seinen Arm entsetzt zu sich und schrie: «Was??
Das ist ein *Drache*! Sieht das aus wie ein Delfin? O mein Gott,
sag mir bitte, dass das NICHT aussieht wie ein Delfin!»

Eine halbe Stunde lang bemühte ich mich vergeblich, ihn
zu trösten: «Du, das sieht natürlich überhaupt nicht nach 'nem
Delfin aus. Das war nur das Licht! Und außerdem: Wenn man's
genau nimmt, sind Drachen doch nichts anderes als feuerspu-
ckende Delfine … ohne Flossen … und Wasser … Das kann
man schon mal verwechseln!»

Kennen Sie diese Momente, wo Sie selbst nicht glauben,
was Sie gerade erzählen? Das war so einer.

Mein schlimmstes Erlebnis mit einem Tattoo-Träger hatte ich
aber in einem Kölner Club. Es war schon relativ spät, ich stand
an der Bar und beobachtete seit einiger Zeit einen bulligen
Tanktop-Träger, der auf der Tanzfläche seine Muskelberge im
Takt schüttelte. Auf seinem rechten Arm hatte er, zwischen
zahlreichen anderen Tattoos, einen großen, schwarzen Bal-
ken – als hätte er etwas durchstreichen wollen.

Was hätte ich in diesem Moment tun sollen? Richtig: nichts. Leider hatte ich da schon ein paar Bier intus. Ein paar viele Biere.

Also wackelte ich irgendwann gut gelaunt auf ihn zu, deutete kölschbeflügelt auf sein Balken-Tattoo am Arm und lallte: «Haha! Haste dich vermalt?»

Ich bin mir nicht mehr ganz sicher, ob die Musik in diesem Moment wirklich abrupt abbrach, jedenfalls kam es mir so vor. Der tätowierte Tanz-Brocken schaute mich lange an und setzte dann ein Lächeln auf, wie es Filmbösewichte immer aufsetzen, bevor sie jemandem unfassbar die Fresse vermöbeln. Dann erklärte er mir, dass er mal einem, na ja, ganz speziellen «Freundeskreis» angehört, jetzt aber die Fronten gewechselt hätte und deshalb das Zeichen seiner alten Freunde loswerden musste. Was für Freunde das waren und wohin er gewechselt hätte, dürfe er mir natürlich nicht erklären. Falls ich aber noch Fragen hätte, würde er mir die gerne alle vor der Tür beantworten.

Ich hatte selten in meinem Leben so wenige Fragen wie in diesem Moment.

Seitdem versuche ich, Tattoo-Träger einfach gar nicht mehr auf ihre Verzierungen anzusprechen. Ohne irgendeine Ausnahme. Und wenn ich jemals bei Familie Ex-Bundespräsident eingeladen werden sollte, werde ich mir den ganzen Abend auf die Lippen beißen, nur um Bettina Wulff nicht zu fragen, was eigentlich der kess gezackte Schuhlöffel auf ihrem Oberarm bedeutet.

Nur manchmal, wenn ich durch meine Straße gehe, überkommt es mich noch. Da hat nämlich vor kurzem ein Tattoo-

Studio aufgemacht, und seitdem habe ich ein kleines Spiel entwickelt. Vor dem Studio stehen immer Frischtätowierte mit
ihren Freunden und betrachten stolz, aber auch ein bisschen
unsicher, ihre teuer erkaufte Verzierung auf Arm, Bein oder
Rücken. Wenn ich dann vom Einkaufen wiederkomme, gehe
ich an ihnen vorbei, schaue auf das Tattoo, schüttle mitleidig
den Kopf und sage: «O weh, o weh. Was ist da denn schiefgelaufen?»

Noch bevor die verunsicherten Jungs und Mädels nachfra-
gen können, was ich denn meine, schließe ich die Tür auf und
bin schwups in meiner Wohnung verschwunden.

Unbezahlbar.

Betonhüften-Republik Deutschland

Ich hasse es, der Überbringer schlechter Nachrichten zu sein, aber irgendjemand muss es ja mal sagen: Liebe Landsleute, es tut mir wahnsinnig leid, aber Deutschland liegt *nicht* in Lateinamerika. Ich weiß, wir reden uns da alle gerne was ein. Kaum steigt das Thermometer über die magische 15-Grad-Grenze, kaum regnet es zwischen Grevenbroich und Görlitz mal drei Minuten lang nicht, kaum hat man die dritte Caipirinha in der Hand und zum fünften Mal «Ai-se-dsche-begu, Ai, Ai-se-dsche-begu!» gegrölt, schon fühlt man sich, als stünde man mit einer knappen Speedo-Badehose im Schatten des Zuckerhuts. Aber seien wir mal ehrlich: Meistens ist es dann doch nur Tchibo-Funktionswäsche im Schatten des Gaskraftwerks.

Natürlich ist gegen so ein bisschen südamerikanisches Feeling in Deutschland gar nichts einzuwenden. Wer gelassen und fröhlich und Cachaça-besoffen ist, verteilt wenigstens keine Knöllchen, schreibt keine Kleingartenvereinssatzung und schießt auch nicht mit Luftgewehren auf spielende Kinder. Gefährlich wird es nur, wenn die ganze Ausgelassenheit in Tanzversuche ausartet. Wir alle wissen: Der Deutsche an sich besteht zu 70 Prozent aus Wasser und zu 30 Prozent aus Betonhüfte. Mich übrigens eingeschlossen. Meinen Tanzkurs in der achten Klasse brach ich schon bei der Rumba ab, weil meine bemitleidenswerte Tanzpartnerin Susi so angestrengt schaute, als müsste sie eine Litfaßsäule durch die Gegend schieben. War ja auch so.

Aber ich bin bei weitem nicht der Einzige. Wer immer noch glaubt, dass Deutsche zu südamerikanischen Tanzbewegungen fähig sind, der schaue sich einmal die Salsa-Versuche des ehemaligen Diskuswerfers Lars Riedel bei «Let's Dance» an. Ein rückwärts einparkender Sattelschlepper bekäme von Joachim Llambi vermutlich mehr Punkte.

Ich bin ja immer dafür, dass Menschen mal etwas Neues ausprobieren und ihren Horizont erweitern. Aber es ist eben nicht zu übersehen, dass mein persönlicher Tanz-Horizont aus unrhythmischer Gewichtsverlagerung von links nach rechts besteht und meine persönliche Tanz-Erdscheibe direkt danach einfach aufhört. Wenn ich doch mal weitergehe, stürze ich in einen tiefen Abgrund aus Peinlichkeit und Albernheit, bis ich ganz unten auf Lars Riedel plumpse.

Als hätte ich noch eine Bestätigung dafür benötigt, dass das lateinamerikanische Hüftgeschwinge nichts für mich und für die meisten Deutschen ist, bin ich durch Zufall mal in einen Salsa-Kurs in Köln-Ehrenfeld geraten. (Na ja, *Zufall*: Ein paar Freunde hatten mir zu meinem 35. Geburtstag einen Gutschein geschenkt. Weil ich nach einem Gran-Bife-de-Lomo-Filet im Kölner Steakhaus «El Gaucho» wohl mal gesagt habe, im nächsten Leben wolle ich Argentinier werden. Wenn ich so drüber nachdenke, würde ich das Wort *Freunde* da oben gerne in Anführungszeichen setzen.)

In der Mitte des Raumes (einem Bürgerzentrum, in dem sonst nur Dinge stattfinden, die wir Deutschen können: Vereinssitzungen, Weihnachtsbasars und spaßfreie Kabarettabende) stand Alberto aus Südamerika mit langen, schwarzen Haaren und einer leichten Jute-Weste, die seine durchtrainierte Brust nur halb bedeckte. Alberto sagte Sätze wie: «Ihr musse se-püre de Feuer von Archentina.» Um ihn herum standen wir, die bleichen deutschen Mittdreißiger Sonja, Malte, Wiebke und ich, und suchten also in uns das Feuer Argentiniens. Wir fanden es nicht. In uns blies höchstens so ein stark eingestaubter Siemens-Heizlüfter, wie man sie nur noch aus studentischen Badezimmern kennt. Leider tanzten wir trotzdem. Als Alberto irgendwann die Augen verdrehte und stöhnte: «Ihr verletze mich, meine Land und meine Se-tolz!», beschloss ich, mich von nun an und in alle Zukunft nur noch dem zu widmen, was auf «de Feuer von Archentina» gegrillt wird.

Zum Glück ist Salsa fast schon wieder out. Doch kaum ist die eine Rhythmuswelle vorbei, schwappt bekanntlich die nächste heran. Eine der letzten hieß «Capoeira» – ein traditioneller brasilianischer Kampftanz mit sehr vielen Drehungen und Verrenkungen. Schon beim Wort «Kampftanz» wurde ich skeptisch, denn für mich klingt das genauso logisch wie «Aggro-Kuscheln». Trotzdem sieht man im Sommer in Kölner Parks nun immer wieder deutsche Capoeira-Schüler, die ihre tofufarbene Brust ungelenk im Sonnenlicht verrenken, bis dann ein durchtrainierter halbnackter Brasilianer kommt und die Jungs mit einem einzigen Hüftschwung zurück an den Grill katapultiert.

Da sage ich: Nicht mit mir, denn das verletze mich, meine Land und meine Se-tolz!

Seit ungefähr einem Jahr ist die wohl ultimative Demütigung in Deutschland angekommen: «Zumba». Das ist spanischer

Slang für «sich schnell bewegen und Spaß haben». Also in etwa das, was der Deutsche «Autobahn» nennt. Allerdings gehören zu Zumba kein Sechszylinder und Asphalt, sondern ein «farbenfrohes und kreatives Outfit und ein lizenziertes Fitness-Studio», wie mich eine der vielen einschlägigen Homepages belehrte. Auf diesen Seiten findet man auch die rührende Entstehungsgeschichte des neuen Trends: «Zumba Fitness wurde Mitte der neunziger Jahre von dem Kolumbianer Beto Perez entwickelt, einem bekannten Fitness-Trainer, der auch als Choreograph für internationale Superstars der Popmusik tätig ist.» Aha, dachte ich, «internationale Superstars der Popmusik». Wieder so eine Floskel, bei der ich skeptisch werde. Klingt, wie wenn beim Teleshopping eine Pfanne damit angepriesen wird, dass sie «Material aus der Raumfahrt» beinhaltet. Ich las weiter: «Eines Tages ging Beto in seinen Workout-Kurs und stellte fest, dass er seine Aerobic-Kassetten vergessen hatte. Er konnte nur seine eigenen Kassetten aus dem Auto holen, auf denen sich eine Mischung aus traditioneller Latin-, Salsa- und Merengue-Musik befand.» Und zu dieser Musik improvisierte der Herr Beto dann ein Programm, nannte es Zumba, setzte ein ® dahinter, verkaufte es in die ganze Welt, und seitdem gibt es Zumba in Fitness-Studios, in Volkshochschulen, auf Spielekonsolen und als Modelinien und bestimmt auch bald als «farbenfrohes und kreatives Roggenmischbrot in einer lizenzierten Zumba-Bäckerei».

Aber, lieber Herr Perez, ich hätte da einen Vorschlag. Wenn Sie das nächste Mal zu einer Aerobic-Stunde kommen und merken, dass Sie Ihre Kassetten vergessen haben, machen Sie bitte zwei Dinge. Erstens: Überlegen Sie sich, was bei Ihnen schiefgelaufen ist, dass Sie Ihre Musik noch immer auf *Kasset-*

ten mit sich herumschleppen. Zweitens: Gehen Sie einfach zu Ihrer Trainingsgruppe und sagen Sie folgenden schönen Satz: «Sorry, Leute, die Stunde fällt aus. Wie wär's mit 'ner Caipirinha?» Sie glauben nicht, wie vielen Leuten Sie damit einen Gefallen tun würden: Ihrer Trainingsgruppe, Ihren «internationalen Superstars der Popmusik» und ungefähr 80 Millionen Deutschen.

Ich glaube ja, dass die Lateinamerikaner uns einfach ärgern wollen. Ich glaube, dass irgendwo in Rio, Havanna oder Buenos Aires sich regelmäßig ein paar Tänzer, Fitness-Trainer und Betos in einem Internetcafé treffen, auf die Rechner starren, lauthals vor sich hin prusten und Dinge sagen wie: «Heilige Scheiße, habt ihr bei YouTube das Video von der Frauentanzgruppe Wipperfürth gesehen, die Zumba tanzt? Der Hammer!»

Aber irgendwann werde ich zurückschlagen. Dann fliege ich nach Rio, gehe in ein Fitness-Studio, lege eine Blasmusik-CD ein und präsentiere den staunenden Brasilianern den neuesten Fitness-Trend aus Deutschland: «Humba!» Eine Mischung aus Bewegungsabläufen, die eigentlich nur wir Deutschen beherrschen. Mit Elementen aus dem Schuhplattler, Prunksitzungs-Geschunkel und Lars Riedels schönsten Diskus-Schwüngen.

Im Fortsetzungsprogramm «Humba Täterää!» müssen die Teilnehmer dann während des Tanzens auch noch Buchsbaumhecken schneiden und eine «Anlage N» ausfüllen.

Mal sehen, wer dann im Internetcafé lauter lacht.

Der Zwetschgenhansel

Die ärmste Sau der Welt, das ist der Stofferia-Frosch. Die «Stofferia» ist ein Textilgeschäft in Köln, das leider nicht direkt in der Fußgängerzone liegt, sondern in einer Seitenstraße. Deswegen hatten die Besitzer irgendwann die Idee: «Wir stecken einen Studenten in ein möglichst erbärmliches Froschkostüm und stellen ihn auf die Einkaufsstraße. Der kann dann winken und Flyer verteilen, und dann werden alle Passanten so begeistert sein, dass sie uns die Bude stürmen!»

Das hat nur so halb geklappt. Zwar steht er jetzt da, der arme Student, Samstag für Samstag, winkt allen Passanten freundlich zu, verteilt Flyer und schaut dabei traurig aus dem großen Mund seines Froschkostüms heraus. Aber natürlich rennen trotz seines Einsatzes die Passanten an der Stofferia vorbei. Zwischen Sport Scheck und Esprit denkt man halt eher selten: «Ach, hier ist die Stofferia? Da nehm ich mir doch mal fünf Bahnen hellgrünen Vorhangstoff mit, kann man ja immer brauchen!» Die Einzigen, die den Stofferia-Frosch nicht ignorieren, sind die braun gebrannten Ed-Hardy-Honks, die ihn regelmäßig umarmen, ihren Kumpels ein Handy in die Hand drücken und schreien: «Los, Alda, fotografier misch ma mit de Frosch-Mongo!»

Es würde mich nicht wundern, wenn der Stofferia-Frosch bei einer dieser Umarmungen mal auf einen Knopf unter seinem Kostüm drückt und sich samt Ed-Hardy-Honk in die Luft sprengt. Auf die Zeitungsmeldung freue ich mich schon jetzt: «Frustrierter Frosch explodiert in der Kölner Innenstadt – Bärenmarke-Bär will nachziehen.»

Es gibt allerdings andere Promotion-Opfer, die in Sachen Erbärmlichkeit ganz nah an den Stofferia-Frosch herankommen. Eines davon traf ich kürzlich am Eingang meines Fitness-Studios: den Zwetschgenhansel.

Eigentlich steht dort immer nur eine Tafel mit Sinnsprüchen, die ich nicht verstehe, von schlauen Menschen, die ich nicht kenne. Zum Beispiel: «Glück ist das Lächeln der Sterne – Sun Yin Hong». Da stehe ich zwei Minuten davor, überlege, wer wohl Sun Yin Hong ist, warum die Sterne lächeln und inwieweit mir das bei der Fettverbrennung hilft.

Bei meinem letzten Besuch war die Tafel aber verschwunden. Stattdessen stand dort ein junger Promoter mit Pferdeschwanz und Gummihandschuhen und verteilte – Zwetschgen.

Ja, richtig, Zwetschgen! Denn was ich nicht wusste: Zwetschgen sind «die kleinen blauen Fitness-Früchtchen». Das verkündete zumindest der Flyer, der auf dem Tisch neben dem Mann lag. «Nach einem anstrengenden Workout muss der Körper seine Energiedepots schnell wieder füllen!» Und das kann, halten Sie sich fest, niemand so gut wie die Zwetschge. Außerdem «passen sie in jede Tasche und sind praktisch zu genießen»!

Jetzt mal ehrlich, liebe deutsche Obst- und Gemüselobby: Da sitzt ihr also tagelang zusammen. Ihr überlegt euch, wie man die Zwetschge aus der angedrögten Kompott- und Blechkuchen-Ecke herausholen könnte. Wie man sie zu einer stylishen Wellnessfrucht aufmöbeln kann. Zur Stilikone des Steinobsts. Und dann ist das Beste, was euch einfällt, ein trauriger Hansel mit Gummihandschuhen am Eingang eines Fitness-Centers? Der sich mit seinen Zwetschgenmatsch-Händen ständig Wespen aus dem Gesicht wedelt?

Noch dazu ein Hansel, der immer trauriger wird.

Denn wann immer er einen der übertrainierten Powerbar-Mampfer, die an ihm vorbeigingen, fragte: «Darf ich Ihnen eine Zwetschge anbieten?», reagierten die auf dieselbe Weise. Sie hörten kurz auf, ihren Powerbar zu mampfen, und fragten mit vollem Mund die einzige Frage, die man in so einem Moment sinnvollerweise stellen kann: «Warum?»

Und anstatt frustriert hinzuschmeißen, was der Promoter in dem Moment sicher am liebsten gemacht hätte, musste er sie auch noch anlächeln und sagen: «Na, weil Zwetschgen die kleinen blauen Fitness-Früchtchen sind!»

Es war zum Heulen.

So sehr hat mich der Zwetschgenhansel gerührt, dass ich mich irgendwann vor ihn hinstellte und auffordernd anschaute.

Erst traute er sich gar nichts zu sagen. Dann fragte er vorsichtig: «Darf ich … Ihnen vielleicht eine Zwetschge …?»

Ich nickte gutmütig. «Klar.»

Der Promoter konnte sein Glück gar nicht fassen. Er schaute mich mit großen Augen an, wie ein Zeuge Jehovas, der zum ersten Mal tatsächlich in eine Wohnung gebeten wird.

«Wow, äh, wow. Darauf bin ich jetzt gar nicht … äh … Wie viele dürfen's denn sein?»

«Na ja», fragte ich, selber etwas ratlos. «Wie viele brauche ich denn, um nach einem anstrengenden Workout meine Energiedepots möglichst rasch wieder aufzufüllen?»

Der Zwetschgenhansel stockte. Vermutlich war er sich nicht sicher, ob ich es ernst meinte oder ob ich sein persönlicher Ed-Hardy-Honk war, der gleich eine Kamera zückt, ihn umarmt und einem Freund zuruft: «Ey, fotografier misch ma mit de Zwetschge-Hansel!»

Er schaute mich noch eine Weile unsicher an und sagte dann: «Äh … Vier, vielleicht?»

Sein Blick hingegen flehte: «Bitte, nimm die Zwetschgen!!! Ich weiß doch auch nicht, was ich hier mache!»

Ich tat ihm den Gefallen, nahm die Zwetschgen und ging in den Trainingsbereich.

Natürlich habe ich die Dinger dann trotzdem nicht gegessen. Weder vor noch nach dem anstrengenden Workout. Stattdessen sind die kleinen blauen Fitness-Früchtchen, praktisch und handlich, wie sie sind, in eine Innentasche meines Sportrucksacks gerutscht und lagen so drei Wochen im Schrank.

Mein Vorschlag für die deutsche Obst- und Gemüselobby: Beim nächsten Mal bitte Wassermelonen!

Putzfrau gesucht

Meine Putzfrau hat gekündigt, und daran ist im Grunde die Erderwärmung schuld. Dazu muss man Folgendes wissen: Mein Hund Bärbel liebt es, sich zu wälzen. Am liebsten in Schafscheiße, toten Fischen oder meinen Socken (Letzteres gibt mir, in dieser Reihung gesehen, etwas zu denken). Außerdem sollte man wissen, dass sie es hasst, geduscht zu werden.

Da man aber anders den ekelhaften Gestank (also von den Fischen und der Scheiße) nicht aus ihrem Fell bekommt, muss es ab und zu eben sein.

Kürzlich ging ich mit ihr am Rhein spazieren, und da der zu dieser Zeit extremes Niedrigwasser führte (hier kommt die Erderwärmung ins Spiel), verwesten in dem freiliegenden Flussbett jede Menge Fische vor sich hin. Bärbel wälzte sich an diesem Tag nicht nur in einem, sondern in drei Fischkadavern.

Wir fuhren also nach Hause, und ich stellte sie sofort unter die Dusche. Sie winselte wie immer und wehrte sich nach Kräften. Als ich sie einshamponiert, abgebraust und trockengerubbelt hatte, war auch ich von oben bis unten eingesaut und beschloss deshalb, auch gleich selbst zu duschen. Dann waren wir beide fertig, und ich öffnete die Badezimmertür.

Meiner Putzfrau, die genau in diesem Moment die Tür aufschloss und in den Wohnungsflur kam, um ihrer Arbeit nachzugehen, bot sich also folgendes Bild:

Die Badezimmertür geht auf. Bärbel trottet, zerzaust und

abgekämpft, aus dem Bad. Dahinter komme ich. Splitternackt. Und sage den Satz: «Ja, Bärbel, ich weiß, dass dir das nicht gefällt, aber da musst du eben durch.»

Tja, wie gesagt. Jetzt brauche ich eine neue Putzfrau. Am besten eine, die diesen Text gelesen hat. Und die nicht so laut schreit.

3♪ olé

Drei goldene Regeln habe ich, wenn es um die Auswahl eines Kinofilms geht.

Regel Nummer eins: Ich gehe in keine Filme, auf deren Plakat steht: «Der Überraschungserfolg aus Frankreich!» Man lernt ja dazu, und ich weiß mittlerweile, dass ich in diesem Leben kein Fan des französischen Kinos mehr werde. Nuschelnde Männer, die erst an einer Gitane und dann an den Haaren ihrer entfremdeten Frau ziehen, während sie sich gleichzeitig einen Petit Café kochen, die Jacques-Brel-CD einschalten und ihren Motorroller reparieren – das ist nicht das, was ich mir unter einem gelungenen Kinoabend vorstelle. Bei «Überraschungserfolgen aus Frankreich» überrascht mich eigentlich immer nur, dass diese Filme überhaupt irgendwo ein Erfolg waren. Besonders schlimm wird es, wenn dahinter noch steht: «3 Millionen Franzosen können nicht irren!» Meine Erfahrung hat gezeigt: Drei Millionen Franzosen können sehr wohl irren, und wie. Meine Fresse, können die irren! Warum sollen sie's auch nicht können? Millionen Deutsche können schließlich auch irren, warum sonst hat der Silbereisen solche Quoten?

Regel Nummer zwei: Ich gehe in keine deutschen Filme mehr, die von irgendwelchen Kritikern als «wichtig» bezeichnet werden. «Ein wichtiger deutscher Film», das bedeutet eigentlich immer irgendwas mit RAF oder Nazis oder Nazis in der RAF. Ich weiß nicht, ob es nur mir so geht, aber ich denke eher selten: «Mensch, ich glaube, ich gehe ins Kino, denn ich hab grade unbändige Lust, mir die Laune zu versauen.»

Regel Nummer 3: Ich schaue mir keine 3D-Filme mehr an.

Dieser Satz fällt mir besonders schwer, weil ich eigentlich für jeden neuen Quatsch zu haben bin. Neue Apps, sprechende Kugelschreiber, Prinzenrolle mit «neuer Rezeptur» – immer her damit! Ich habe mir sogar mal das «Null Null WC Frische Siegel» gekauft, einfach nur, weil es neu war. (Falls Sie das Frischesiegel noch nicht kennen: Das ist ein grünes Gel, das man sich wie einen Stempel in die Toilette drückt und das für frischen Duft in der Schüssel sorgt. So lautet aber nur das etwas langweilige Hausfrauen-Verkaufsargument. Viel lustiger ist es, wenn man drei-, viermal gespült hat. Dann sieht das Frischesiegel nämlich aus, als hätte einem ein sehr kleines Alien in die Schüssel gekotzt. Eine wirklich überzeugende Erfindung.)

Ich bin auch nicht prinzipiell gegen 3D. Als Teenager hatte ich alle Bücher aus der Reihe «Das magische Auge». Das war damals so ein Trend, bunte, computererzeugte Bilder, auf die man so lange starren musste, bis man das Gefühl hatte, dass sich die eigenen Gehirnhälften knarzend übereinanderschieben. Dann bekamen die Bilder plötzlich Tiefe, und man sah dreidimensionale Objekte darin: Herzen, Kugeln, Dinosaurier. Vorausgesetzt, man konnte noch sehen. Mir liefen nämlich spätestens nach dem dritten Bild dicke Tränen aus den blutrot unterlaufenen Augen, die das gerade entstandene 3D-Bild sehr schnell zu einem psychodelisch bunten Brei verschwimmen ließen. Irgendwann hat mich meine Mutter mal dabei beobachtet, wie ich eine halbe Stunde lang auf eines der Bilder starrte.

«Was machst du denn da?», fragte sie verwundert.

«Ich warte drauf, dass der Dinosaurier erscheint!», erklärte ich, halb tränenblind.

«Junge, das ist das falsche Buch!», sagte sie sichtlich schockiert und wandte sich an meinen Vater. «Manfred, hol dem Bub mal sein altes Kinderbuch, wo beim Aufklappen die Papiertiere aus den Seiten kommen!»

Trendsetter sein ist eben nicht immer einfach.

Mit 3D-Filmen dagegen werde ich einfach nicht warm. Das Einzige, was die bei mir hinterlassen, sind rote Brillendruckstellen auf den Nasenflügeln. Und deshalb erkläre ich, auch auf die Gefahr hin, dass der nächste Satz irgendwann in einer Liste «berühmter falscher Vorhersagen» stehen wird, direkt unter «Kein Mensch braucht zu Hause einen PC» und «Für die FDP sind bei der nächsten Wahl mindestens 18 Prozent drin»: Kein Mensch braucht 3D-Filme.

Klar, «Avatar 3D» war toll und neu und aufregend. Aber was kam denn danach? «Alice im Wunderland 3D» – «Die Schlümpfe 3D»? – «Street Dance 3D»? Puh!

Und selbst bei «Harry Potter 8 – 3D» war der einzige nennenswerte Raumeffekt, an den ich mich erinnern kann, dass Voldemort zum Schluss in tausend kleine Fetzen explodiert. Dafür zwei Euro 3D-Zuschlag zu verlangen ist die vielleicht schlauste Abzockidee seit der Erfindung des Kirmes-Plüschtier-Greifers. (Falls ich Ihnen jetzt die Spannung verdorben habe, weil Sie den Film noch sehen wollten, tut es mir übrigens leid. Andererseits: Wenn es Sie wirklich überrascht, dass zum Schluss des Films Harry Potter gewinnt und nicht Voldemort, dann tun Sie mir irgendwie insgesamt leid.)

Der absolute Tiefpunkt für mich war aber «The Green Hornet 3D», den ich mit meinem Freund Mike zusammen geschaut habe. Nach einer Dreiviertelstunde fragte ich ihn:

«Sag mal, warum haben wir eigentlich die blöden Brillen auf?»

«Na, wegen der 3D-Effekte!»

«Ja, aber da sind doch gar keine! Die stehen nur im Wohnzimmer und unterhalten sich.»

Mike stutzte kurz. «Hm, stimmt.» Dann überlegte er und sagte schließlich: «Aber guck mal, der eine steht viel weiter hinten im Raum als der andere!»

Das war der Moment, als ich aufstand.

«Wo gehst du hin?», fragte Mike.

«Kino 9», antwortete ich. «Da läuft ein Überraschungserfolg aus Frankreich.»

Filme sollten zweidimensional bleiben. Wer etwas Dreidimensionales sehen will, kann sich ja in der echten Welt umgucken. Mein Tipp: Das «Null Null WC Frische Siegel» zum Beispiel sieht, wenn man es gerade frisch gestempelt hat, wunderbar dreidimensional aus.

Aber das nur nebenbei.

Das Müll-Wiesel

Eigentlich wohnen doch in jedem Mietshaus dieselben Leute. Irgendwo im unteren Bereich die freundliche Oma, die die Amazon.de-Päckchen für alle entgegennimmt, obwohl sie vom Internet keine Ahnung hat und einem deshalb immer freudig entgegenruft: «Ich hab wieder was von *Amazonde* für Sie!»

In der Mitte dann die Frau, die jeden zweiten Tag Katzenstreu in ihre Wohnung schleppt, weil sie entweder sehr viele gesunde oder eine sehr kranke Katze besitzt. Die türkische Familie mit den Schuhen von Größe 4 bis 44 vor der Tür. Meistens dann noch ein Typ, bei dem man nicht weiß, ob er einfach schüchtern ist oder ob im Wohnzimmer seine ausgestopfte Mutter sitzt. Dann noch ein Typ, bei dem man sich ganz sicher ist, dass im Wohnzimmer seine ausgestopfte Mutter sitzt. Und ganz oben natürlich das schwule Pärchen. (Schwule müssen immer wahnsinnig weit oben wohnen. Ich weiß selbst nicht, warum, wahrscheinlich, damit sie nach einem Beziehungsstreit besonders effektvoll die Klamotten des Ex-Freundes auf die Straße werfen können, begleitet von einem theatralischen: «Und an dich hab ich meine Jugend verschwendet!»)

Aber zwischen all diesen Bewohnern versteckt sich in den meisten Häusern noch jemand anders: das Müll-Wiesel.

Das Müll-Wiesel ist meistens Frührentner, hat eine kleine Mietwohnung, eine bemitleidenswerte Frau und vor allem eins: sehr viel Zeit. Aber anstatt einfach etwas Nützliches zu machen, wie zum Beispiel 3D-Puzzles lösen, Pi-Kommazahlen ausrechnen oder Kürbis-Chutney einkochen, folgt es seiner Natur und verwendet seine freie Zeit auf eine einzige Beschäftigung: fremder Leute Müll durchstöbern.

Sobald jemand etwas wegschmeißt, wieselt das Müll-Wiesel aus seiner Wohnung, schnüffelt in den Tonnen und überprüft, ob Plastik, Papier, Bio- und Restmüll ordnungsgemäß getrennt wurden. Denn, das hört man ja oft, wenn jemand nicht ordentlich trennt und dadurch zum Beispiel ein Joghurtbecher in den Biomüll gelangt, dann fressen den die Möwen auf der Deponie, verdauen ihn und kötteln im freien Flug knochenharte Plastikkügelchen auf ahnungslose Spaziergänger herab, was zu schlimmen Kopfverletzungen führen kann. Meint zumindest das Müll-Wiesel.

Wenn es dann tatsächlich falsch sortierten Müll findet, fischt das Wiesel den Dreck aus den Tonnen, legt ihn daneben und schreibt noch einen Zettel dazu, meistens mit einer eher sparsamen Botschaft wie «Schweine!», «Trennen!» oder «Sauerei!».

Das Müll-Wiesel ist kein Wiesel der großen Worte.

Lange konnte ich über unser Müll-Wiesel nur den Kopf schütteln. Aber mittlerweile habe ich eine Strategie entwickelt. Einen Abwehrplan, den ich mir eventuell patentieren lasse. Ich nenne «Wieselfrei in fünf Tagen»:

Tag 1: Das Müll-Wiesel bringt seinen eigenen Müll weg. Zeit, den Spieß umzudrehen. Ich gehe nach unten, nehme seinen Müllbeutel mit dem vorbildlich sortierten Abfall aus der Restmüll-Tonne und klebe einen gelben Post-it-Zettel darauf, auf den ich mit Filzstift ein großes Fragezeichen geschrieben habe. Sonst nichts. Dann stelle ich den Müllsack neben die Tonne.

Tag 2: Das Müll-Wiesel hat seinen Sack wieder in die Tonne gestellt. Ich hole ihn wieder heraus und klebe einen neuen Post-it-Zettel darauf, diesmal mit einem großen Ausrufezeichen, wegen der Abwechslung.

Tag 3: Müllsack wieder drin, ich hole Müllsack wieder raus und klebe einen Zettel darauf mit der Aufschrift «Lila Tonne!». Die gibt es natürlich nicht, weder bei uns noch irgendwo in Köln. Aber so ein Müll-Wiesel braucht ja Herausforderungen.

Tag 4: Müll-Wiesel scheitert offensichtlich an der Herausforderung, denn es hat seinen Müllbeutel im Altpapier versteckt. Ich belohne seine Anstrengungen mit einem großen roten Papp-Pfeil, den ich in die Altpapiertonne stecke, um so auf seinen Müllbeutel aufmerksam zu machen.

Tag 5: Ich belausche das Müll-Wiesel, wie es wieder in den Keller hinabsteigt. Es entdeckt den Papp-Pfeil. Erst höre ich nichts. Dann leises Schluchzen.
Markus Barth: 1 – Müll-Wiesel: 0.

Das war vor vier Wochen. Seitdem habe ich keine Zettel mehr im Müll-Keller gefunden.

So weit die gute Nachricht.

Die schlechte: Unser Müll-Wiesel hat jetzt umgeschult. Auf Tür-Wiesel. Wann immer jemand nach 18 Uhr unser Haus betritt oder verlässt, huscht das Tür-Wiesel, formerly known as Müll-Wiesel, aus seiner Wohnung und schließt die Haustür doppelt ab.

Morgen schenke ich ihm ein 3D-Puzzle.

Der palozische Ziegenhirte

«**Schatz,** ich weiß, das kommt jetzt etwas überraschend. Aber was hältst du davon, wenn wir nach Gyöngyöshalasz ziehen?»

Stefan, der neben mir auf der Couch lag, rieb sich verschlafen die Augen: «Was?»

«Gyöngyöshalasz», wiederholte ich. «Das ist ein kleines Dorf im ungarischen Mátra-Gebirge, mitten im Land der Palozen.»

«In wessen Land?», fragte mein Freund, der noch immer zwischen den Sofakissen lag wie ein zerknülltes Taschentuch.

«Die Palozen!», wiederholte ich. «Ein alter ungarischer Volksstamm. Wahnsinnig nette Leute. Du wirst sie lieben.»

Stefan richtete sich langsam auf. «O verdammt, hast du wieder die dritten Programme geschaut?» Er verdrehte die Augen. «Ich hätte wach bleiben sollen.»

Es ist ein kleines Ritual bei uns: Sonntagnachmittags legen wir uns auf die Couch, Stefan schläft ein, ich schaue fern, meistens das Bayerische Fernsehen oder ein anderes drittes Programm. Zu dieser Zeit laufen dort immer Reportagen mit Titeln wie «Zauber der Karpaten» oder «Nebelgipfel – Mein Jahr auf der Seidl-Alm». Und danach habe ich meist hervorragende Ideen, wie wir unserem Leben eine überraschende neue Richtung geben könnten. Also, überraschend natürlich vor allem für Stefan. So auch dieses Mal.

«Ähm, tja», stammelte er. «Weiß grade nicht. Sollen wir da

nicht erst noch mal drüber schlafen? Ich hab den Film ja nicht gesehen, und deshalb isses für mich ein bisschen schwer ...»

Triumphierend griff ich zur Fernbedienung. «Ein Hoch auf unseren Festplattenrecorder! Hab die ganze Sendung aufgenommen. Komm, wir schauen sie einfach noch mal zusammen.»

Stefan wehrte sich kaum. Ich zeigte ihm die gesamte Reportage, sprach den Text des Off-Sprechers immer schon im Voraus und bemühte mich sehr, Stefan den Zauber des Mátra-Gebirges zu vermitteln. «Schau, das ist Magdi. Die macht grade eine Herztorte mit einem Boden aus kandierten Walnüssen. Weißte, wie sie den Teig so herzförmig kriegt?»

«Ich nehme an, der Sprecher sagt es gleich», erwiderte Stefan.

Aber ich war schneller. «Mit einer Schablone aus Fußbodenlinoleum. Wahnsinn, oder? Es sind eben die kleinen Dinge im Leben!»

Stefan rang sich ein wenig überzeugtes «M-hm» ab.

Aber ich ließ nicht locker. «Außerdem produziert die Magdi Wein und tauscht ihn manchmal beim Ziegenhirten gegen Käse ein. Toll, oder? Wenn du hier mit 'ner Flasche Wein zum Netto gehst, da kannste aber lange warten, bis dir einer 'nen Käse gibt.»

Am Ende des Films fragte ich Stefan: «Und, was sagste?»

Er seufzte. «Wolltest du nicht letzte Woche noch Rohmilchkäse-Affineur in der Auvergne werden?»

«Ja, das war nach ‹Duft des Zentralmassivs› auf Hessen 3. Da hab ich aber anschließend rausgefunden, dass die Reportage schon sieben Jahre alt ist. Wahrscheinlich ist die ganze Auvergne mittlerweile überschwemmt von Rohmilch-Affineuren.»

«Und was war in der Woche davor?», fragte Stefan. «Der Stockfisch-Pökler in Norwegen?»

Ich nickte wieder. «‹Fjorde, Fisch und freies Leben› im WDR. Wär mir auf die Dauer aber doch zu kalt da oben.»

«Warum willst du eigentlich überhaupt auswandern?», fragte Stefan. «Machst du dich nicht jede Woche über die ‹Mein neues Leben XXL›-Idioten lustig?»

«Moment», antwortete ich, «ich rede ja auch nicht davon, ohne Sprachkenntnisse und Verstand nach Mallorca zu ziehen und ein Sonnenstudio zu eröffnen. Ich rede von der Abgeschiedenheit der ungarischen Landschaft, wo wir im Einklang mit der Natur leben und von einheimischen Ziegenhirten die Kunst des Käsens erlernen.»

«Aha», sagte Stefan, «und wie viel Ungarisch sprichst du so?»

Da hatte er mich leider erwischt. Leise gestand ich: «Eingelegtes Gemüse heißt Fötzelek. Weiß ich ausm Walter-Moers-Comic.»

«Das könnte ’ne etwas einseitige Ernährung werden, meinste nicht?»

«Wir haben ja noch den Ziegenkäse», erwiderte ich vorsichtig.

Stefan sagte nichts mehr, sondern schaute mich nur mit schräggelegtem Kopf an.

«Ich mache mir eben Gedanken», sagte ich schließlich. «Du meinst doch selbst immer, dass wir nicht jünger werden. Und dass man sich mal überlegen sollte, ob wir nicht noch mal was ganz anderes machen und diesem sinnentleerten Großstadtleben entfliehen.»

Stefan protestierte. «Ich habe nie behauptet, dass unser Leben sinnentleert ist.»

«Du nicht», gab ich ihm recht. «Aber Yanne.» Da ich Stefans fragendes Gesicht sah, ergänzte ich: «Das ist der Mann, der in diesem ausrangierten Bauwagen auf der Waldlichtung vor Gyöngyöshalasz wohnt.»

Stefan seufzte. «Markus, wo kommst du her?», fragte er dann.

«Aus Zeil am Main. Weißt du doch.»

«Richtig. Ein 6000-Seelen-Ort. Also etwa zehnmal so viele Seelen wie Gyöngyöshalasz. Und warum bist du da weggezogen?»

«Weil Zeil keine Uni hat», sagte ich.

«Und?», hakte Stefan nach, und ich merkte allmählich, dass es nicht immer von Vorteil in einer Beziehung ist, wenn man dem Partner seine gesamte Lebensgeschichte erzählt.

«Und weil ich es als Neunzehnjähriger irgendwann doof fand, dass es da nur eine Kneipe gab und im Kino die großen Hollywood-Blockbuster erst vier Wochen nach Bundesstart liefen.»

Stefan lächelte siegessicher. «Und wann kommen die großen Hollywood-Blockbuster ins Land der Palozen?»

Ich schwieg. Dann versuchte ich es ein letztes Mal. «Ich will doch nur, dass wir aus unserem Leben das Beste machen. Dass wir jenseits der ausgetrampelten Pfade wandeln. Man muss doch auch mal verrückt sein, neu anfangen. Das einfache Leben genießen. Sich an den kleinen Dingen erfreuen: Berge, Käse, Herzschablonen. Stell dir das mal vor: keine Büroarbeit mehr, keine Pendelei, keine Überstunden in schlecht klimatisierten Räumen. Nur wir, die Natur, unsere Ziegen und ein Schälchen Fötzelek … Was meinst du? Hm? Sollen wir's wagen?»

Eine Stunde später saßen wir im Cinedom und schauten «X-Men – First Class». Manchmal glaube ich, Stefan nimmt mich nicht ernst.

Kampf dem Kauz

Passiert mir nicht oft, aber jetzt muss ich mal kurz ein Bibelzitat loswerden: «Es ist nicht gut, dass der Mensch allein sei.» Wer, wie ich, viele Singles im Freundeskreis hat, der möchte dem Herrn Moses für diesen Satz noch nachträglich auf die knochigen Schultern klopfen.

Nicht dass ich jetzt auf Singles eindreschen wollte. Na ja, vielleicht ein bisschen. Schließlich muss man sich als in einer Beziehung lebender Mensch ständig anhören, wie langweilig Paare doch sind, haha, die öden Paare, mit ihren Fernsehabenden und Raclette-Silvestern und dem Samstagsabend-Sex mit Socken an und Licht aus, Paare, Paare, ich könnt mich beömmeln!

Singles dagegen sind so unfassbar verrückte Outlaws, die Krone des Individualismus, der Inbegriff der Freiheit und des selbstgestalteten Lebens, weil sie so verrückte Dinge machen, wie zum Beispiel dreckige Teller über Nacht stehen lassen oder Sex ohne Socken oder sogar Sex ohne Partner.

Singles, keiner ist so geil wie Singles!

Aber: Was Singles leider fehlt, ist jemand, der ihnen ab und zu auf den Kopf haut. Denn, machen wir uns nichts vor: Ab dem dreißigsten Lebensjahr neigt der Mensch zur Verkauzung. Du wachst morgens auf, liest die Zeitung, und plötzlich hast du zum ersten Mal in deinem Leben den Drang, einen Leserbrief zu schreiben, zum Beispiel über die Müllberge, die die bösen Griller im Park hinterlassen. Oder du sortierst Buchrücken in deinem Regal nach Größe. Oder du regst dich darüber auf, dass im Büro wieder jemand die Tassen *neben* statt *in* die Spülmaschine gestellt hat. Wenn es ganz schlimm kommt, fängst du an, kleine Post-it-Zettel zu schreiben, die du dann an die dreckigen Tassen klebst («Vom Hinstellen wird's nicht sauber!»). Und dann denkst du dir: «Na, denen hab ich's aber gezeigt.» Da kommt er schon angeflogen, der kleine Kauz, lässt sich auf deiner Schulter nieder, ruft dir ein leises «Guruuu!» ins Ohr und hat dich ab dann hypnotisiert. Plötzlich hörst du dich selbst Sätze sagen, die du eigentlich nur von deinen Eltern kennst. «Die in der dritten Etage könnten aber auch mal wieder ihren Fußabtreter ausbürsten!», und Ähnliches. Ab dann ist es nicht mehr weit bis zum Kissen auf der Fensterbank.

Wie gut, wenn dann ein Lebenspartner neben dir steht, den Kauz verscheucht, dir sanft auf den Kopf haut und fragt: «Sag mal, geht's noch?» Ich weiß, wovon ich rede, ich habe schon sehr oft eine auf den Kopf bekommen. Und das ist gut so. Je älter ich werde, umso mehr glaube ich, dass das der eigentliche Sinn einer Partnerschaft ist: Zwei Menschen schließen sich zusammen, um sich gegenseitig davon abzuhalten, unausstehlich zu werden.

Aber Singles? Denen fehlt leider der gelegentliche Schlag auf den Kopf. Stattdessen baut sich der Kauz auf ihrer Schulter ein gemütliches Nest, und dann kleben sie immer mehr Post-it-Zettel und schreiben immer mehr Leserbriefe, und wenn es dumm läuft, werden sie zum Superkauz, der mit wirrem Haar und unterschiedlichen Socken durch die Fußgängerzone rennt und «Nanopartikel! Überall Nanopartikel!» schreit.

Nehmen wir mal meinen Freund Sebastian. Single seit vielen Jahren und Kauz im Frühstadium: Er ist bereits leidenschaftlicher Post-it-Zettel-Schreiber. Unvergessen, als er seine Kollegen im Büro mal aufgefordert hat, weniger Papier zu verbrauchen – per Zettel! In den letzten Jahren hat er dann noch etwas entwickelt, was ich die «Acht-Uhr-Wut» nenne: Wenn er abends um 20 Uhr noch nicht hungrig ist, bekommt er ausgesprochen schlechte Laune. Er freut sich nämlich den ganzen Tag so sehr auf das Abendessen! Wenn er dann keinen Hunger hat, fällt der Spaß aber aus, und das macht ihn sauer.

Hören Sie ihn auch, den Kauz? Guruuu!

Kürzlich kam es dann zu folgendem Telefonat:

«Hallo, Sebastian, wie wär's mit 'ner ordentlichen Grillung am Aachener Weiher? Ich bring Grill und Picknickdecke mit.»

«Grillen? Hm, weiß nicht …», brummte es aus dem Telefon. «Ich reg mich ja selbst immer über den Müll da auf.»

Das allein hätte mich schon stutzig machen sollen. Aber Sebastian legte noch einen drauf.

«Außerdem hab ich keinen Bock drauf, aufm Boden zu sitzen.»

«Moment, Moment», sagte ich. «Was ist denn schlimm daran, auf dem Boden zu sitzen?»

«Ach, ich hasse es eben. Das ist so ungemütlich. Ständig drückt sich ein Stein in den Hintern, und später wird's dann auch noch klamm.»

«Das ist nicht dein Ernst, oder?», fragte ich.

«Doch! Ich kenne ganz viele Leute, die das nicht mögen.»

«Ja klar, ‹Bodenphobie› – gab's da nicht kürzlich ein Sonderheft von *Psychologie Heute*?»

«Mach dich nur lustig», brummte er. «Ich komme trotzdem nicht mit.»

Mir fiel nichts mehr ein. Außer ein leises «Guruuu!».

«Was soll das denn?», fragte Sebastian.

«Nichts. Ich wollte dich nur unauffällig auf deine schleichende Verkauzung aufmerksam machen.»

«Meine was?»

«Deine Verkauzung! Du wirst ein Kauz! Deine Acht-Uhr-Wut, die Post-it-Zettel, jetzt die Bodenphobie, und kürzlich hast du eine Kneipe wortlos verlassen, nur weil die Kellnerin nach der Bestellung ‹Alles klärchen› gesagt hat! Kauz, Käuzchen, Guruuu!»

«Na und?», erwiderte Sebastian, «du hast mal mit 'nem Typen Schluss gemacht, nur weil er statt ‹poppen› immer ‹bumsen› gesagt hat.»

«*Bümsen!*», rief ich, «Philippe war Franzose und sagte *bümsen*! Das ist was völlig anderes!»

Das stimmte tatsächlich. Irgendwann hatte Philippe mal zu mir gesagt: «Marküs, schau dir immör an, wie die Männär kochön, denn so wie einör kocht, so bümst er auch!» Danach war die Beziehung irgendwie zu Ende.

Ich versuchte noch einmal, Sebastian ins Gewissen zu reden. «Ich will dich doch nur warnen! Sonst suchst du wie mein Nachbar irgendwann die abgelaufenen Milchpackungen aus dem REWE-Regal und zeigst sie stolz der Verkäuferin.»

Sebastian schwieg einen Moment.

«Das machst du doch nicht etwa schon?», fragte ich.

«Die verkaufen das an unschuldige Leute!», rief er.

Eine unangenehme Stille machte sich breit.

Irgendwann sagte Sebastian dann trotzig: «Ich bin kein

Kauz. Ich sitze nur einfach nicht gerne auf dem Boden. Außerdem habe ich gar keinen Hunger.»

Ich versuchte es ein letztes Mal. Leider mit dem dümmsten Satz von allen: «Aber … es ist schon kurz vor acht!»

«Was? Ach, Scheiße!», rief er und legte wütend auf.

Party-Gag

Partys sind eine tolle Sache. Sie haben nur ein Problem: Die meisten sind ungefähr 50 Prozent zu lang. Zumindest, wenn man Gastgeber ist. Irgendwann gegen halb vier hocken nämlich nur noch fünf Gäste auf der Couch, die insgesamt in sieben Richtungen gleichzeitig schauen. Mindestens einer davon hängt kopfüber. Ungefähr zwei hat man erst an dem Abend kennengelernt. Und einen kennt man immer noch nicht. Dann sitzt man als Gastgeber dem Elend gegenüber, schaut mit dem einen Auge, das man noch offen halten kann, auf die Uhr und fragt sich, ob man nicht zur Abwechslung mal selbst die Polizei ruft.

Ich habe aus diesem Grund eine sehr wirkungsvolle Methode entwickelt, wie man seine Wohnung sehr schnell wieder leer bekommt. Bei meiner letzten Geburtstagsfeier erzählte ich um halb fünf den gerade noch aufnahmefähigen Zuhörern folgende Geschichte:

«'n Freund von mir war kürzlich im Internet auf 'ner Pornosite und hat sich dabei 'nen Virus eingefangen.»

«Was'n das für 'ne Geschichte?», fragte einer der hartnäckigen Party-Aussitzer. «Das ist doch jedem schon passiert!»

«Sicher», sagte ich. «Aber das Drecksding hat, immer wenn er auf der Site war, seine Webcam aktiviert und ihn gefilmt ... Alles, was er währenddessen so gemacht hat ... Und hat die Clips dann auch selbständig hochgeladen.»

Dann legte ich eine kleine Pause ein, trank genüsslich von

meinem Bier und schüttelte den Kopf. «Der wollte heute auch kommen. Aber natürlich ist er jetzt damit beschäftigt, die ganzen Filme wieder zu löschen!»

Auf einmal mussten alle ganz dringend nach Hause.

Innenhof-Zapping

Ich weiß, man soll es nicht tun, aber: 48 Fenster! Ich kann von meinem Balkon aus in 48 Fenster schauen! Davon haben höchstens 20 einen Vorhang und davon wiederum nur 10 einen, durch den man wirklich nichts sieht. Nicht dass ich das überprüft hätte, aber ... na ja, doch, ich habe es überprüft. Wie soll man da auch *nicht* reinglotzen? 48 Fenster! Und abends alle hell erleuchtet! Da soll ich sagen: «Huch, ich kann meinen Nachbarn sehen, und er merkt es gar nicht: Ich lass mal schnell züchtig die Jalousette herunter»? Das macht doch kein Mensch. Wenn man einem Löwen ein fußkrankes Zebra vor die Schnauze schmeißt, legt der ja auch nicht die Tatze über die Augen und sagt: «Och, das arme Ding, ich kann gar nicht hinschauen.»

Deswegen gebe ich es hier und heute zu: Ja, ich glotze. Ich glotze Innenhof. Allerdings, das kann ich zu meiner Verteidigung sagen, nicht aus erotischen Gründen. Im Gegenteil, ich bin heilfroh, wenn ich keine Bettszenen sehe. Seien wir doch mal ehrlich: Bettszenen von Privatleuten, das ist meistens eher ein peinliches Gewurschtel in ausgebleichter TCM-Bettwäsche.

Viel spannender sind dagegen die vollkommen erotikfreien Momente. Die Dramen! Die Komödien! Das absurde Theater! Ich muss nur einen Fuß auf meinen Balkon setzen, schon habe ich Dokutainment vom Feinsten. Noch dazu an der frischen Luft! Da kann die gesamte Hartz-IV-Laienspielgruppe von «Mitten im Leben» einpacken!

Ich habe mal mitgeschrieben. Ein ganz normaler Sommer-abend, ich auf meinem Balkon, Bierflasche in der Hand, fertig zum Innenhof-Zapping.

Los geht's:

ZAPP!
1. OG links, Esoterik-TV:
Frau in pastellfarbenem Tüllkleid dreht wilde Pirouetten in ihrem Wohnzimmer. In der Hand gebatikte Tücher, in den Augen entrückte Leere. Eurythmie oder Dämon? Oder eine besonders schonende Art der Schrankoberflächen-Reinigung?
Wir schalten später noch mal rein.

ZAPP!
3. OG Mitte, der Comedy-Kanal:
Mann steht am Bügelbrett und betrachtet interessiert die Löcher am Boden seines Bügeleisens. Gleichzeitig finden seine Finger den Dampf-Knopf des Eisens. Er drückt dar-auf.
Mr. Bean hätte es nicht schöner hinbekommen.

ZAPP!
3. OG rechts, Heimwerker-TV:
Ein Mann steht unter einer offensichtlich kaputten Decken-lampe und starrt die Glühbirne an. Er stemmt die Hände in die Hüften und atmet tief durch. Sonst macht er nichts. Ich will nicht unken, aber ich fürchte, dass die Lampe davon nicht wieder glühen wird. Es sei denn natürlich, er heißt Uri Geller.

ZAPP!

2. OG rechts, Theater-Kanal.

Heute: Existenzialistisches Theater.

Zwei Männer und eine Frau sitzen am Wohnzimmertisch und starren auf eine Schale Salzgebäck, als würde gleich einer von ihnen geschlachtet. Hat was von Sartre. Oder einer Folge «Breaking Bad». Nur mit noch schlechterer Laune. Was ist da los?

ZAPP!

1. OG links:

Eurythmie-Frau dreht noch immer Pirouetten. Was sagt eigentlich der Untermieter dazu?

ZAPP!

Erdgeschoss links:

Untermieter klopft mit Besenstiel gegen Zimmerdecke. Dummerweise rhythmisch. Eurythmie-Frau klatscht dazu.

ZAPP!

4. OG links, RTL-Supernanny, nur ohne Supernanny:

Frau lehnt sich übers Balkongeländer und ruft Kind im Innenhof zu: «Eva-Marie, Eva-Marie, kommst du bitte?» Eva-Marie denkt nicht dran und spielt weiter mit Freundin. Frau lächelt unsicher und redet sich einfach selbst ein, dass Eva-Marie nichts gehört hat.

ZAPP!

2. OG rechts:

Es wird noch immer wortlos auf Chips und Flips gestarrt. Einer der Männer, anscheinend der Gastgeber, trinkt sein

Sektglas auf ex aus. Stimmung bleibt frostig. Da tänzelt eine zweite Frau ins Zimmer, offensichtlich die Gastgeberin, und schwenkt fröhlich eine bunte Pappschachtel durch die Luft.

Ah, verstehe: Spieleabend.

ZAPP!
1. OG links:

Wohnzimmer der Pastellfrau ist dunkel, dafür ist das halb geöffnete Badezimmerfenster erleuchtet. Geräusch lässt erahnen: zu viele Pirouetten. Oder der Dämon will raus. Untermieter klatscht dazu.

ZAPP!
4. OG links:

Die Mutter versucht's noch mal. «Eva-Marie, kommst du bitte zum Essen? Es gibt Amaranth-Puffer mit Soja-Creme!» Eva-Marie bleibt sitzen.

Würde ich an ihrer Stelle auch.

ZAPP!
3. OG rechts:

Glühbirnenmann ist einen Schritt weiter: hat Bügeleisen-Nachbarn geholt. Starren gemeinsam auf die kaputte Glühbirne. Ich warte eigentlich nur darauf, dass der Bügeleisenmann mit einem Besenstiel dagegenschlägt …

ZAPP!
2. OG rechts:

Zwei Männer, zwei Frauen, kein Spaß – Der Spieleabend ist in vollem Gang!

ZAPP!

3. OG rechts:

Glühbirnenmann und Nachbar starren. Frau von Glühbirnenmann kommt ins Zimmer. Sie hat eine Trittleiter unterm Arm, stellt sich drauf, tauscht die Glühbirne aus und geht wieder raus. Glühbirnenmann und Nachbar schauen ihr hinterher und verdrehen die Augen. Weiber!

ZAPP!

2. OG rechts:

Spiel ist beendet. Gastgeberin stellt eine Frage. Gästepärchen springt kopfschüttelnd auf, schaut auf die Uhr und gähnt wie die Stummfilmdarsteller. Ich habe so 'ne Ahnung, was sie gefragt hat.

ZAPP!

4. OG links:

Eva-Maries Mama schwebt wieder auf den Balkon, doch da geht Fenster im 5. OG rechts auf, und eine Frau brüllt: «Soraya-Eileen?!!? … Aber zackig!»
Eva-Maries Freundin steht auf und läuft Richtung Wohnhaus. Eva-Marie bleibt sitzen. Mutter weint.

ZAPP!

2. OG rechts:

Gäste sind weg.
Frau will mit ihrem Mann weiterspielen. Der hat anderen Vorschlag: peinliches Gewurschtel in ausgebleichter TCM-Bettwäsche.

Es wird Zeit abzuschalten.

Mehr Land!

Wenn Ihnen mal wieder langweilig ist, machen Sie's wie ich: Spielen Sie eine Runde *Men's-Health*-Bingo. Dazu brauchen Sie zwei Ausgaben der *Men's Health* aus unterschiedlichen Monaten, viel Geduld und ein waches Auge. Legen Sie die beiden Hefte nebeneinander, vergleichen Sie die Themen auf dem Cover, und wenn Ihnen ein Unterschied auffällt, springen Sie auf und schreien laut: «Bingo!» Keine Angst, dieses Spiel kann man auch gut in der Öffentlichkeit spielen, denn Sie werden vermutlich nie aufspringen.

Ich meine das gar nicht abschätzig. Im Gegenteil, ich bewundere die Fähigkeit der Redakteure, die immer gleiche Zeitschrift jeden Monat für fast fünf Euro an die immer gleiche Kundschaft zu verkaufen. Und das nur durch ein bisschen Satzbauänderung auf dem Cover. «Weniger Bauch in vierzehn Tagen!» – «In vierzehn Tagen weniger Bauch!» – «Bauch weniger in Tagen vierzehn!»

Im Heft dann: faszinierende Sextricks («Ziehen Sie Ihre Partnerin nicht völlig aus! Ein noch verschlossener BH, aus dem die Brüste oben herauslugen, lässt diese üppiger erscheinen!»). Überraschende Ernährungstipps («Kartoffelchips sind schlimme Dickmacher!»). Und alles zu dem Thema, das meiner Ansicht nach sowieso nicht oft und gründlich genug behandelt werden kann: der Weg zum perfekten Sixpack.

Die *Men's Health* ist wie eine gut geschüttelte Pralinenschachtel: Man weiß immer, was man kriegt, nur nicht, in welcher Reihenfolge.

Doch es gibt noch eine Steigerung. Man kann nämlich nicht nur dieselbe Zeitschrift jeden Monat wieder verkaufen. Man kann auch dasselbe Blatt jeden Monat in fünffacher Ausführung verkaufen! Glauben Sie nicht? Dann durchstöbern Sie mal im Zeitschriftenregal die Abteilung mit den Land-Zeitschriften. *Mein schönes Land, LandIdee, Landlust, Liebes Land –* wenn Ihnen da schon bei den Namen schwindlig wird, dann lesen Sie besser nicht die Inhaltsverzeichnisse: «Herbstgarten», «Herbstzauber», «Herbstmenü», «Herbstkönigin Dahlie» und, endlich sagt's mal einer: «Herbst – Die unterschätzte Jahreszeit!»

Vielleicht bin ich einfach nicht der richtige Ansprechpartner. Ich habe zwanzig Jahre meines Lebens auf dem Land gewohnt, und wir sind, soweit ich mich erinnern kann, nie «durch farbenfrohe Herbstwälder gestreift», um «Bucheckern, Hagebutten und Birkenrinden» zu sammeln, aus denen wir dann «leuchtende Deko-Kränze» geflochten hätten. Wir saßen dagegen jeden Freitagabend mit denselben Menschen in derselben Disco, wo DJ «Olaf» dieselben Songs in derselben Reihenfolge spielte. Und wenn es so richtig verrückt wurde, zogen wir anschließend noch zu unserem «Maulaffen-Eck» vor der Mehrzweck-Turnhalle, tranken Erdbeerwein aus 2-Liter-Flaschen und riefen Passanten Beleidigungen hinterher, die wir selbst nicht verstanden.

Ich wäre nie drauf gekommen, dass dieses Leben Stoff für einen ganzen Schwung unterschiedlicher Zeitschriften liefern könnte.

Tut es natürlich auch nicht. Aber, das haben wir ja von der *Men's Health* gelernt, manchmal reicht ein Minimum an Variation: «Jetzt ist Kürbis-Zeit!» – «Die besten Kürbissuppen!» – «Kürbissuppen – einfach lecker!» – «Lecker wie nie: Kürbis-Küche».

Der Kürbis ist quasi das Sixpack der Landfrau.

Zum Glück gibt es so etwas nur im Zeitschriftenhandel. Anderswo ist das ja undenkbar. Stellen Sie sich mal vor, was da los wäre, wenn zum Beispiel im Kino jedes Jahr ein Til-Schweiger-Film mit nur leicht verändertem Inhalt … Nee, doofes Beispiel. Anders: Wenn jeder zweite Song, den Sie in einem Club hören, entweder von David Guetta stammen oder nach David Guetta klingen … Nee, noch mal anders: Wenn in allen einigermaßen erfolgreichen Krimis irgendein frustrierter skandinavischer Kommissar …

Ach, ich geb's auf.

Jusselbart mit Hut

Es ist nicht leicht, mit Mitte 30 noch Computerspielfan zu sein. Mitte 30, da schaut man sonntags den Tatort, baut seinem Sohn ein Baumhaus und schließt, wenn man noch ein bisschen Zeit hat, eine Riesterrente ab oder sortiert endlich mal die Inbusschlüssel im Werkzeugkasten nach Größe.

Aber ich habe da noch einen kleinen Nachholbedarf, denn in meinem Elternhaus herrschte strenges Computerverbot. Meine Eltern waren überzeugt, dass meine beiden Brüder und ich sonst nur noch vor dem Commodore 64 hocken und uns streiten würden, wer als Nächstes spielen darf. Und meinen stolz vorgetragenen Weltklasse-Vorschlag «Dann kauft uns einfach drei Computer!» ignorierten sie.

Das führte eigentlich nur dazu, dass ich mich regelmäßig bei Nachbarn einlud.

«Hey, Christian», sagte ich dann beispielsweise, «sollen wir heute Abend Bombjack daddeln?»

«Ich hab Fußballtraining!»

«Ach, doof. Na, dann sag deiner Mama einfach, sie soll mich reinlassen!»

Solche Verbote sind also Unsinn, und ich rate allen Eltern davon ab. Nutzen Sie die Zeit lieber dafür, Ihren Kindern wichtige Dinge beizubringen. Wie zum Beispiel, dass man im Kino nicht telefoniert, keine ungepoppten Maiskörner durch die Gegend flitscht und dass der Satz: «Alda, isch hasse disch,

isch mach disch fertisch!», wenn man's genau nimmt, keinen einzigen «sch»-Laut enthält. Das wäre wirklich wichtig, vor allem, wenn Ihre Kinder Jeanine und Pascal heißen und am 28.08.2011 um 20 Uhr im Kölner Cinedom bei «Die Drei Musketiere» neben mir saßen.

Weil ich also der Überzeugung bin, dass man für Videospiele nie zu alt ist, war ich letztes Jahr zum ersten Mal auf der Gamescom in Köln, Europas größter Spielemesse. Schon während der Bahnfahrt dorthin wurde meine Überzeugung auf die Probe gestellt. Nach wenigen Minuten war ich umringt von Halbwüchsigen mit Camouflage-Stoffhosen und T-Shirts, deren Aufschriften ich nicht verstand. Sachen wie «Save the Utullians!», «Morion rules!» und «Kill the Seprons!». (In meinem nächsten Leben möchte ich Texter für Videospiel-T-Shirts werden. Ich glaube, schneller und unangestrengter kann man sein Geld gar nicht verdienen. Höchstens noch als Komponist für Türglockentöne.)

Aber es wurde noch schlimmer: Während wir auf die Messe zufuhren, stiegen richtige Hardcore-Fans ein, in Verkleidungen, die ich ebenfalls nicht begriff. Super Mario, Batman und Max Payne hätte ich ja noch erkannt, aber eine schwarz-rot gekleidete Piratin mit einem Schild «Free Albion!»? Ich habe absolut keine Ahnung, was das Mädel mir und der Welt mitteilen wollte. Da die stolze Piratin sich aber neben mich stellte und mich demonstrativ angrinste, lächelte ich ihr wissend zu, deutete auf die Flagge und sagte: «Free Albion! … Na, Mensch, ich drück die Daumen! So nach dem arabischen Frühling – da wird's doch in Albion auch mal klappen!»

Jetzt hatte das Mädel keine Ahnung, was ich ihm mitteilen wollte.

Erst überlegte ich noch, ob ich vielleicht bei der Kölnarena aussteigen und mir, wie es sich für echte Mittdreißiger wohl gehört, ein paar Semino-Rossi-Karten holen sollte. Aber da waren wir schon an der Messe angekommen, und ich steuerte sofort auf den Stand der Freiwilligen Selbstkontrolle zu. Dort wurden die begehrten roten Armbänder ausgeteilt, die ihren Besitzer als volljährig auswiesen und ihn damit zum Ausprobieren aller Spiele berechtigten. Als ich dem Mitarbeiter meinen Arm hinhielt, lächelte er mich nur süffisant an. «Na, ich denke, das brauchen wir bei Ihnen nicht.»

«Warum?», fragte ich.

«Na, dass Sie volljährig sind, sieht man ja wohl.» Er grinste noch breiter. «Und es gibt kein spezielles Armband für Über-40-Jährige.»

Ich erwog kurz, ihm mit einem seiner Armbändchen die Luft abzuschnüren. Aber dann heißt es in den Zeitungen ja gleich wieder: «Videospielfan läuft Amok». Und den Gefallen wollte ich all den CSU-Politikern, die in solchen Fällen schnell die Schützenvereins-Uniform ausziehen, das Jagdgewehr weglegen, vor eine Kamera hechten und «Ja, ja, die Ballerspiele sind schuld!» krakeelen, nicht tun.

Ich streifte also ohne Bändchen durch die Flure der Messe. Wenn mich heute einer fragen würde, was denn da so präsentiert wurde – ich habe keine Ahnung! Die ganze Zeit suchte ich eigentlich nur eines: Menschen, die älter waren als ich. Das war nicht einfach. Stattdessen sah ich immer jünger werdende Videospielfans in immer länger werdenden Schlangen stehen und hörte sie Dinge rufen wie: «Yes! Noch vier Stunden, dann darf ich Diablo III spielen!» Ich kam mir vor wie Peter Scholl-Latour beim Kinderschminken.

Irgendwann beschloss ich, mich nicht länger um die Alters-frage zu kümmern und endlich das zu tun, weshalb ich gekom-men war: Spielen.

Ich stellte mich also an einem Nintendo-Stand an. Sofort steuerte ein weiß gekleideter Promoter auf mich zu und drück-te mir lächelnd eine Anstecknadel in die Hand.

«Wow, ein Super-Mario-Pin», sagte ich und versuchte, dabei möglichst begeistert zu klingen. «Was bedeutet der? Bin ich jetzt Mitglied in einem Club? Bekomme ich regel-mäßig Super-Mario-Infos? Krieg ich vielleicht sogar was ge-schenkt?»

Der Promoter starrte mich etwas verwirrt an und sagte dann: «Ja. Äh … diesen Pin.»

Wir schauten uns beide fünf Sekunden lang stumm in die Augen. Dann griff der Promoter nach dem Pin.

«Aber vielleicht sind Sie dafür auch einfach schon zu alt.»

Ich zog meine Hand schnell zurück, riss die Verpackung auf und steckte mir den Pin an. In dem Moment drehte sich der Junge, der gerade vor mir ein Nintendo-Spiel ausprobierte, um und sagte: «Mein Papa steht auch total auf Super Mario.»

Ich nickte lächelnd.

Der Junge wandte sich wieder zum Bildschirm und flüster-te dabei: «Voll peinlich.»

Ich verließ den Super-Mario-Stand und näherte mich meiner letzten Hoffnung: der «World of Warcraft»-Area. Das habe ich zwar noch nie gespielt, ich wusste aber aus verschiedenen Fernsehsendungen, dass viele Menschen in meinem Alter das tun. Einige WoW-Fans kommen nämlich dadurch zu zweifel-haftem Ruhm, dass sie nächtelang zocken, völlig abtauchen, alle sozialen Kontakte abbrechen und erst Monate später bei

Tine Wittlers «Einsatz in vier Wänden Spezial – Die Computernerd-Bude» wieder auftauchen.

Ich schaute mich also um, und tatsächlich stand ich plötzlich zwischen Menschen in meinem Alter. Auf der Bühne, vor der sich alle versammelt hatten, fand gerade eine Verlosung statt. Ein Moderator hielt ein kleines Plastikpaket hoch und rief: «Okay, und jetzt hab ich hier noch einen Schlüsselanhänger. Den bekommt derjenige, der mir sagen kann, welches Geräusch die Königin Amira macht, wenn sie den Feuerball wirft!»

Ich verdrehte die Augen und wollte schon rufen: «Junge, wir sind alle über 30, wir scheißen auf deinen Schlüsselanhänger!»

Aber da schnellten schon mindestens 300 bleiche Daddler-Arme in die Luft. Der Moderator ging zu einem der Fans, einem Hardcore-Gamer mit Fusselbart und Strohhut, und hielt ihm das Mikro vor den Mund. Die Menge verstummte, alle Blicke richteten sich auf den Fusselbart. Der holte tief Luft, beschrieb mit seiner Hand eine werfende Bewegung und sagte dann:

«Sie macht: ‹Gssssscccchhhhht›!»

Alle johlten anerkennend auf und applaudierten, während der Moderator dem Fusselbart seinen wohlverdienten Schlüsselanhänger überreichte.

Ich war fassungslos.

Als dann neben mir ein ebenfalls mindestens 30 Jahre alter Fan zu seiner Begleitung sagte: «Ah, richtig: ‹Gssssscccccccht!› Ich dachte erst: ‹Wrrruuuuuuffffff!›, aber das ist ja der Eisblitz!», da wusste ich: Es ist Zeit zu gehen.

Auf halbem Weg nach Hause klingelte mein Handy. Mein Vater war dran. «Junge, wo bist du?»

78

«Ich komme gerade von der Gamescom.»

«Ah, gutes Stichwort: Sag mal, wie kann ich eigentlich Solitär und Minesweeper von der Festplatte unseres Computers löschen?»

«Ach, Papa», seufzte ich. «Meinste nicht, dass es Zeit wird, eure Haltung gegenüber Computerspielen mal zu überdenken? Wenn sie euch nicht gefallen, dann spielt sie halt nicht. Aber ihr müsst sie doch nicht gleich löschen!»

«Junge, das Problem ist ein ganz anderes! Seit wir die Dinger auf dem Rechner entdeckt haben, sitzen deine Mutter und ich nur noch vor dem Kasten, spielen Solitär und streiten uns, weil keiner den anderen ranlassen will! Also: Wie löscht man das?»

Ich wusste es: Man ist nie zu alt.

Trööööt ... Sprotz ... Pffft!

Köln macht es einem nicht leicht, nach einem Urlaub gerne nach Hause zu kommen. Ich finde zwar, die Stadt hat einen sensationellen Auftritt, wenn man über die Deutzer Brücke fährt, den Dom sieht, Groß St. Martin und vielleicht noch die beleuchtete Hohenzollernbrücke. Das Problem beginnt, wenn man weiterfährt. Denn dann wird aus dem pompösen Fanfaren-«Tataaaa!» des Dom-Panoramas ein unmotiviertes «Trööööt ... Sprotz ... Pffft!» aus Baustellen, Stadtarchiv-Loch und Barbarossaplatz (dem einzigen Platz der Welt, dessen Bebauung komplett aus Antimaterie besteht). Und schon nach fünf Minuten fragt man sich schlecht gelaunt, wann genau die Städteplanung eigentlich an die Schimpansen des Kölner Zoos outgesourcet wurde.

Trotzdem: Ich komme gerne nach Hause, und das hat mit diesem besonderen Moment zu tun, wenn ich vor meiner Wohnung stehe, den Schlüssel ins Loch stecke und die Tür öffne. Zuerst muss man natürlich die abgestandene Luft vertreiben. Diese sämige Nach-Urlaubs-Luft, die in der Wohnung hockt wie ein Sumoringer in einem viel zu kleinen Pappkarton. Aber wenn das geschafft ist, startet mein 3-Stufen-Programm. Und auf das freue ich mich eigentlich schon während des Urlaubs.

Stufe eins: Handschriften lesen.
Ich stehe auf handschriftliche Briefe. Pizza-Flyer: Verpisst euch. Rechnungen: haben Zeit. Aber handschriftliche Briefe,

die fische ich sofort aus dem Poststapel. Dann setze ich mich mit ihnen auf die Couch und öffne sie, als wär's eine Flaschenpost aus dem 18. Jahrhundert. Ich weiß noch nicht einmal, worauf ich dabei eigentlich hoffe. Wahrscheinlich auf den Brief von einem unbekannten Onkel aus den Staaten, der mir schreibt: «Dear Markus, Du kennst mich nicht, ich Dich auch nicht, aber ich möchte Dir trotzdem mein gesamtes Vermögen sowie die Rinderfarmen und das Wochenendhaus in Kanada vermachen. Viel Spaß damit, Dein Onkel Johnny.»

Ich weiß: klingt nicht besonders realistisch. Ist auch noch nie passiert. Stattdessen enthalten die meisten handgeschrieben Kuverts nur ein Foto von sehr wohl bekannten Onkels. Daneben steht dann meistens ein Spruch wie: «Kaum zu glauben, aber wahr, Erwin wird bald 70 Jahr!», und es wird zu Kaffee, Kuchen und Brotzeit eingeladen. Mettigel statt Rinderfarm. Das echte Leben ist so ekelhaft phantasielos.

Stufe zwei meines Nach-Urlaubsprogramms ist etwas trauriger, gehört aber einfach dazu: Zimmerpflanzen-Bodycount. Ich stelle mich an die Fensterbank und zähle die Überlebenden. Meistens sind das nicht viele. Das Problem ist nämlich, dass sich traditionell mein Freund Mike um das Grünzeug kümmert. Und Mike hat keine Zimmerpflanzen. Er hat keine, er hatte noch nie welche, und man kann allen Orchideen und Ficussen der Welt nur wünschen, dass er auch nie welche haben wird. Oft bekomme ich an meinem Urlaubsort die eine oder andere SMS, in der es etwa heißt: «Sag mal, muss eigentlich der ganze Übertopf voll Wasser sein?» Oder: «Meinste, für deine Pflanzen wär's okay, wenn ich die Jalousien mal wieder aufmache?»

In meinem letzten Urlaub schrieb er mir: «Die eine Pflanze kriegt lauter gelbe Blätter.»

Ich schrieb zurück: «Dann zupf sie ab!»

Er antwortete: «Erledigt.»

Zehn Minuten später kam die Nachfrage: «Könnten das auch Blüten gewesen sein?»

Natürlich könnte ich jemand anders fragen, aber ich habe Angst, dass sich meine Pflanzen mit dem dann besser verstehen als mit mir. Es gab da mal einen Nachbarn, der einen so unverschämt grünen Daumen hatte, dass meine Zimmerpflanzen nur noch blühten, wenn er sie gepflegt hatte. Ich behaupte sogar, die blöden Dinger haben nur darauf gewartet, dass ich die Koffer packe. Können Sie sich vorstellen, wie enttäuschend es ist, wenn Sie nach Hause kommen, Ihre Pflanzen «Och nöööö!» seufzen hören und zuschauen müssen, wie sie alle Blüten von sich werfen?

Dann doch lieber Mike.

Stufe drei zieht sich über den gesamten Tag hin. Ich habe lange überlegt, wie man sie am besten beschreiben kann, aber eigentlich gibt es nur eine Bezeichnung dafür: «blinder Aktionismus».

Nie bin ich so aktiv, so energiegeladen und voll guter Vorsätze wie nach einem Urlaub. Das ist mein eigenes, inneres Fanfaren-«Tataaa!».

Harmlos sind dabei noch Vorsätze wie «Ab morgen lerne ich jeden Tag zwei Stunden Spanisch!» oder «Jetzt wird regelmäßig morgens Yoga gemacht!». Das geht vorbei, da muss man gar nichts tun. Eigentlich nur ins Bett gehen, am nächsten Tag hat man die Vorsätze eh vergessen und verbringt seine Zeit wieder sinnvoll, zum Beispiel mit einer Staffel «Dexter».

Manche Dinge erledige ich aber direkt, und da wird's gefährlich. Plötzlich fange ich an, Dinge umzuräumen, zu reparieren oder wegzuschmeißen. Und wenn es ganz schlecht läuft, deute ich auf eine wehrlose Pfanne und sage: «Du da, Bratpfanne! Dir kauf ich jetzt endlich mal einen Deckel!»

Dann blinzelt mich die Bratpfanne verschlafen an und fragt: «Was? Wieso? Ich hab seit drei Jahren keinen Deckel!»

«Genau deswegen!», antworte ich. «Das spritzt doch immer aufs Ceranfeld.»

«Mir egal, ich muss es ja nicht sauber machen», sagt das Ceranfeld, aber da ziehe ich mir schon die Schuhe an.

«Ich geh mal zu Galeria Kaufhof!», rufe ich Stefan zu. «Muss dringend ein paar Sachen besorgen!»

Ich gehe übrigens das ganze Jahr nicht zu Galeria Kaufhof. Aber nach dem Urlaub, da gibt es für mich eigentlich nur dieses eine Geschäft. (Und vielleicht noch das Dingers Gartencenter, um die Lücken auf der Fensterbank wieder aufzufüllen.)

Allerdings ist das auch der Moment, in dem Stefan sich einschaltet. Meistens ruft er dann so etwas wie:

«Markus, wenn du wirklich zu Galeria Kaufhof gehst, denk bitte daran, dass wir keinen Pfannendeckel und keinen Römertopf brauchen. Und auch keine Filzgleiter, keine Yogamatte und keine Xbox 360. Und dass wir wirklich, wirklich keinen Platz für einen Crosstrainer haben, ja?»

Dann höre ich auf, meine Schuhe zu binden, gehe im Kopf meine Galeria-Kaufhof-Liste durch und merke, dass Stefan mal wieder jeden, aber wirklich jeden Punkt auf der Liste erraten hat.

Und genau da endet er dann, mein Nach-Urlaubs-Aktionismus. Ich lege mein kuscheliges Scheißegal-Mäntelchen an, knalle mich auf die Couch und schaue eine Folge «Dexter».

Das ist es dann: Mein ganz persönliches «Tröööt ... Sprotz ... Pffft!».

Bockige Beine

Es ist Zeit für ein Geständnis: Ich bin kein Skifahrer. Nicht dass ich etwas gegen das Skifahren hätte, im Gegenteil: Ich würde wahnsinnig gerne mal locker-lässig und braun gebrannt über eine Buckelpiste schweben, links und rechts kleine Schneewölkchen in den azurblauen Himmel wedeln, ab und zu den Stock hochreißen und einem anderen Skifahrer ein gutgelauntes « Servus, Schorschi! Kaiserwetter, oder?» zurufen. Aber die Erfahrung hat gelehrt: Nach dem ersten Buckel liege ich mit dem Gesicht im Schnee, und dann ist es ziemlich egal, was ich rufe, weil es sowieso keiner hört. Außerdem kenne ich keinen Schorschi.

Meine Eltern trifft übrigens keine Schuld. Die haben wirklich alles getan, um aus mir einen Skifahrer zu machen. Ich erinnere mich, wie meine ganze Familie jeden Winter im Wohnzimmer vor der Eichenschrankwand in die Hocke ging und zu Rosi Mittermeiers Skigymnastik-Schallplatte den Doppelstockschub geübt hat. Das war eine schweißtreibende Angelegenheit. Vor allem deshalb, weil meine Mutter der Ansicht war, dass man Skigymnastik auch im Skianzug machen muss, damit der gleich an den richtigen Stellen gedehnt wird. Nach fünf Minuten Training beschlugen die Fensterscheiben unseres Wohnzimmers, und die Nachbarn wussten: « Ah, die Barths gehen bald in Skiurlaub.»

Skigymnastik fand ich super. Nur bei der Umsetzung in die Praxis haperte es: Irgendwann in meiner Kindheit müssen meine beiden Beine einen fürchterlichen Streit gehabt haben.

Denn sobald man sie auf zwei Skier stellt, versuchen sie, so weit wie möglich auseinanderzukommen. Kinderfotos von mir auf Skiern sehen alle gleich aus: Das linke Bein strebt beleidigt nach Westen, das rechte nach Osten, darüber mein verzerrtes Gesicht, und man kann sich denken, was ich meinen Beinen in dem Moment zurufe: «Jetzt vertragt euch doch endlich wieder!»

Auch der Skikurs in der achten Klasse konnte daran nichts ändern. Wenn ich mich richtig erinnere, sind Schulskikurse sowieso nur bedingt dazu da, das Skifahren zu lernen. 90 Prozent des Tages verbrachten wir damit, zu diskutieren, wer am Vorabend mit wem im Partykeller Schiebeblues getanzt und anschließend im Heizungskeller geknutscht hatte. Die restlichen zehn Prozent gingen fürs Flaschendrehen drauf.

Als Erwachsener habe ich es dann mal mit Snowboarden versucht, weil ich mir dachte: Wenn meine beiden Beine auf einem einzigen Brett fixiert sind, kann ja eigentlich nichts schiefgehen. Und tatsächlich: Anfangs lief alles gut. Bis zum ersten Turn. Da konnten sich meine bockigen Beine wieder nicht einigen, wer sich wohin verlagern muss. Mein Oberkörper verlagerte sich dagegen relativ schnell nach vorne in den Schnee, und die Fahrt war beendet. Das ideale Snowboard-Gebiet für mich wäre wohl ein sehr hoher und vor allem sehr breiter Berg. Da würde ich morgens mit dem Skilift hinauffahren, mich oben auf mein Snowboard stellen, den ganzen Tag ohne einen einzigen Turn seitlich runterrutschen und mich unten zufrieden dem Après-Ski widmen.

Leider habe ich so einen Berg noch nicht gefunden. Ich wohne ja mittlerweile in Köln. Die höchste Erhebung hier ist der Herkulesberg mit 78 Metern über Normalnull. Allein die Tatsache, dass wir das hier «Berg» nennen, treibt vielen Süddeutschen Tränen der Rührung in die Augen.

Aber ich gebe die Hoffnung noch nicht auf: Falls irgend-jemand eine Wintersportart kennt, die sich mit fixierten Beinen und ohne Drehung auf einem nicht mal 100 Meter hohen «Berg» ausüben lässt, soll er sich bitte bei mir melden. So lange lege ich noch mal Rosi Mittermeiers Skigymnastik-LP auf und übe zu «Zwei Bretteln im Schnee» das Wedelfinale. Im Skianzug, versteht sich.

Die bittere Wahrheit über Chicorée

Was ist Chicorée eigentlich für ein arrogantes Gemüse? Im Ernst: Chicorée macht mich aggressiv. Dieses eingebildete *Zäpfchen*, wie es daliegt in seinem Extrakörbchen im Regal, damit es auch ja nicht mit den schmutzigen Kartoffeln in Berührung kommt. Alles an ihm scheint zu rufen: «Ich gehöre hier eigentlich gar nicht her! Ich bin eine Delikatesse!» Chicorée, diese bleiche Mätresse unter den Gemüsesorten. Wenn er Hände hätte, würde er sich wahrscheinlich noch mit einem Fächer Luft zuwedeln. Diese pharmazeutische Form, der bittere Geschmack, die ungesunde Blässe – gibt es irgendein Gemüse, das noch lauter schreit: «Iss mich nicht!»?

Den Gefallen tue ich ihm gerne: Ich esse keinen Chicorée. Ich kann mir überhaupt nicht vorstellen, dass irgendjemand Chicorée isst. Karl Lagerfeld vielleicht, bei dem glaube ich das sofort. 'ne Cola Light, ein Tic Tac und dabei ein bisschen Chicorée knabbern, so stell ich mir die Lagerfeld-Diät vor. Aber normale Menschen? Die wundern sich höchstens über die blassgelben Blätter, die ab und zu beim gemischten Salat am Rand liegen, und spucken ihn angewidert aus, wenn sie aus Versehen hineinbeißen.

Seit neuestem wird Chicorée in meinem Biomarkt auch noch mit schwarzer Folie abgedeckt. Klar, das muss sein, weil der Chicorée ja so empfindlich ist und sonst noch bitterer wird.

Dann bleib doch zu Hause, Chicorée! Oder schämst du dich vielleicht, weil du neben so profanem Allerweltsgemüse liegen musst wie dem Blumenkohl? Der sieht immer ein bisschen aus, als hätte jeder einzelne Kopf persönlich mit dem Bollerwagen aus Ostpreußen rübergemacht. Blumenkohl, den kann man auch mal vier Wochen im Kühlschrank liegenlassen, ohne dass er irgendeine Veränderung in Konsistenz, Aussehen oder Geruch erkennen lässt. Gut, manchmal kriegt er ein paar braune Flecken, aber dafür hat man ja den «polnischen Blumenkohl» erfunden, mit ordentlich abgeschmelzten Semmelbröseln obendrüber, da sieht kein Mensch mehr braune Flecken. Chicorée dagegen darf man ja eigentlich nur in handgeschnitzte Manufactum-Kühlschränke legen, mit eigener Chicorée-Dunkelkammer.

Aber ich mache den Zinnober nicht mit. Ich bin für Blumenkohl! Den kannst du an die Wand werfen, du kannst ihn unter die Höhensonne legen und mitm Siebeneinhalbtonner drüberfahren, Blumenkohl sieht immer gleich aus. Das vielleicht einzige Gemüse der Welt, das du fünf Minuten oder auch fünf Stunden kochen kannst – scheißegal, Blumenkohl schmeckt immer zuverlässig nach schlecht gelüftetem Pflegeheim.

Chicorée dagegen ist wie eines dieser aseptisch aufgezogenen Lichtschutzfaktor-80-Kinder, deren Mütter immer Sagrotan-Feuchttücher dabeihaben, falls das Blag trotz aller Warnungen mal ans Geländer der Rutsche fasst. Diese Kinder, denen ihre Eltern zurufen: «Jens-Malte, wir müssen zur Violiiiiiiin-Stunde!» Die man einfach mal nehmen möchte, Kinder wie Eltern, und im Matsch rollen, damit sich die Sagrotantücher wenigstens lohnen! Genau so ist Chicorée.

Es wird Zeit, diesen arroganten Fatzke auf den Boden der Tatsachen herunterzuholen. Ihm klarzumachen: Du bist kein edles Gemüse! Du bist auch keine Delikatesse! Ein Zufallsprodukt bist du! Belgische Bauern haben dich nur entdeckt, weil ihre Zichorienwurzeln, aus denen sie Ersatzkaffee herstellen wollten, plötzlich ausgetrieben hatten. Ein Muckefuck-Unfall, das bist du, Chicorée!

Ja, da wird er noch ein bisschen bleicher, der feine Herr Chicorée, aber auch dafür habe ich eine Lösung: einfach rausnehmen aus der Kiste und schön tief zwischen die Kartoffeln drücken, bis er hustet und prustet und wimmert: «Ich muss doch zur Violiiiiiin-Stunde.»

So. Das musste mal gesagt werden. Nächste Woche kümmern wir uns dann um den Spargel.

Herzlich willkommen, Frau Brath!

Mit Fernbedienungen in Hotels habe ich drei kleine Probleme.

Erstens: Sie funktionieren nie.

Ich komme in mein Hotelzimmer, stelle meine Tasche ab, freue mich über die persönliche Begrüßungsanzeige auf dem Fernseher («Herzlich Willkommen in unserem Haus, Herr Berth!» – in etwas kreativeren Häusern auch «Herzlich willkommen, Frau Brath!»), dann nehme ich die Fernbedienung, lege mich aufs Bett und möchte durchs Programm zappen. Aber das geht nicht. Die nächsten zwei Stunden verbringe ich stattdessen in unterschiedlichsten Stellungen auf dem Bett, neben dem Bett, direkt vor dem Fernseher, weit weg vom Fernseher, im Bad, auf dem Schrank, in der Hocke, auf Zehenspitzen und im Vierfüßlerstand – nur um herauszufinden, in welcher Position das TV-Gerät wohl auf das kleine Kästchen in meiner Hand reagiert. Die sehr verlässliche, aber auch sehr enttäuschende Antwort: in gar keiner.

Oft probiere ich noch zwei Tricks aus, von denen ich mir gerne einrede, sie würden eine Fernbedienung wieder zum Laufen bringen. Erstens: Batteriefach öffnen und die Batterien mit der flachen Hand rollen – hilft sehr selten. Zweitens: Beim Drücken der Tasten verkniffen gucken – hilft nie.

Schließlich rufe ich die Rezeption an. Der Mann oder die Frau am Empfang sagt dann: «Alles klar, ich kümmere mich darum.» Das ist Teil einer Geheimsprache im Hotel- und Gaststättengewerbe und heißt so viel wie: «Alles klar, ich habe jetzt schon wieder vergessen, wie Sie heißen und warum Sie angerufen haben.»

Zweitens (als kleine Einschränkung zu erstens): Manchmal funktionieren die Fernbedienungen doch, allerdings nur nach 3 Uhr nachts und auch nur, wenn man betrunken ist. Irgendwie merken die Drecksdinger das, anscheinend haben sie einen Alkoholsensor eingebaut, und dann denken sie sich: «Ui, der hat einen gezwitschert, da gönn ich mir jetzt mal 'nen kleinen Spaß!» Dann leisten sie nicht den vollen Dienst, sondern schalten automatisch einen ihrer Meinung nach viel zu selten gesehenen Sender ein und reduzieren anschließend den Betrieb auf die Funktion einer einzigen Taste: den «Laut»-Knopf.

Ich liege also mit Cocktailschirmchen hinterm Ohr auf dem Bett, hämmere auf meiner Fernbedienung herum, und das Einzige, was ich damit bewirke, ist, dass die Verkäufer der QVC-Reihe «Elambia – die Welt der flammenlosen Kerzen» ihre flackernden LED-Ungeheuer in einer Lautstärke anpreisen, die selbst Wurst-Willy vom Bottroper Wochenmarkt zur Ehre gereichen würde.

Drittens: Wer sehr betrunken ist, hat leider oft auch sehr schlechte Ideen.

Da kann es passieren, dass man sich selbst etwas sagen hört wie: «Ach, komm, wer braucht schon Fernbedienungen? Ich werf einfach was! Wozu hab ich denn …»

Falls Sie mal in einer ähnlichen Lage sind, hier mein Tipp: Tun Sie's nicht. Egal durch welchen Gegenstand Sie die drei

Punkte im obigen Satz ersetzen wollen – tun Sie's nicht! Sie können werfen, was Sie wollen, eine Fernbedienung kann nichts ersetzen. Aber wenn Sie es unbedingt versuchen wollen, nehmen Sie sich bitte wenigstens folgende, von mir erprobte und verbürgte Liste zu Herzen.

Dinge, die sich nicht so gut als Fernbedienungsersatz eignen:

1. Gebrannte Mandeln. (Schwierig, die Programmtasten damit zu treffen. Außerdem kleben sie an der Wand.)

2. Zu einer Peitsche gezwirbelte Badetücher. (Damit trifft man nie die Programmtasten. Was man dagegen immer trifft, sind Gläser, Wasserkocher und Weinflaschen.)

3. Socken. (Fragen Sie nicht. Wie gesagt: Wer sehr betrunken ist …)

Immerhin: Einen Vorteil hat die Suche nach einem Fernbedienungsersatz. Wenn man genügend Dinge geworfen und lange genug im Zimmer herumgerumpelt hat, ruft meistens die Rezeption an und teilt einem mit, dass die Nachbarn sich über den Lärm beschweren. Eine schöne Gelegenheit, einen lange zurechtgelegten Satz loszuwerden: «Alles klar, ich kümmere mich darum!»

Goldstaub und Ketten

Es ist einen Tag nach Rosenmontag, und die Kölner *BILD* fragt in großen Buchstaben: «Was ist geiler – Karneval in Deutschland oder in Rio de Janeiro?»

Wenn ich mir dann die Fotos anschaue, die die *BILD* dazu zeigt, wird die Sache echt knifflig: rechts eine rassige brasilianische Schönheit mit sehr wenig an, denn, so die *BILD*: «Goldstaub und Ketten gelten in Rio schon als Kostüm.» Die Tänzerin hat pechschwarzes Haar, einen verführerischen Mund und zwei enorme Brüste, auf denen man, um den Rio-Look perfekt zu machen, ohne Probleme je eine Christus-Statue errichten könnte. Links zeigt die *BILD* dann zum Vergleich unter der Überschrift «Witzige Watten» Marie-Luise Brechtling und Jutta Werner aus Wandersleben in Thüringen, die sich als Tampons verkleidet haben. Die beiden stehen, in weißen Schaumstoff gehüllt, vor einer Fensterbank mit Usambaraveilchen, ADO-Gardine und mundgeblasener Deko-Glaskugel, halten sich an der Hand und lächeln so unsicher in die Kamera, als überlegten sie selbst gerade, ob «Cowgirl» nicht vielleicht doch das bessere Kostüm gewesen wäre. Und während ich noch hin und her schaue und überlege: «Hm, was ist denn da wohl geiler?», schweift mein Blick auf der Seite nach unten, und ich sehe «Helmut Brockmann (40) aus Erbach (Hessen), der sich als Damenbinde verkleidet hat».

Ich will mich nicht zu weit aus dem Fenster lehnen, aber ich glaube, spätestens jetzt könnte ich die Ausgangsfrage beantworten.

Natürlich hat die *BILD* da eine fiese Auswahl getroffen. Der normale deutsche Jeck legt sehr wohl Wert auf die «Geilheit» seines Kostüms. Warum sonst sieht man in Kölner Karnevalskneipen fast nur noch amerikanische Cops und sexy Bienen? Es ist eine echte Seuche geworden. Man zieht los, betritt das erste Lokal, lässt den Blick schweifen und fragt sich sofort: «Ist das 'ne Karnevalsparty oder ein Imkertreffen mit Polizeischutz?» Und wem das noch zu ungeil ist: Letztes Jahr traf ich in einer Kölner Kneipe *vier* junge Jungs im Penis-Kostüm. Selbst südafrikanische Pavianweibchen haben subtilere Methoden, um auf ihre Paarungsbereitschaft aufmerksam zu machen.

Bei mir selbst steht der Geilheitsaspekt bei der Kostümwahl eher im Hintergrund. Ich habe seit Jahren ein ganz anderes Problem mit meinen Verkleidungen: Niemand versteht sie.

Drei Beispiele:

2009 wollten Stefan und ich als Milli Vanilli gehen – mit schwarzer Zöpfchenperücke, schwarzen Stiefeln, einem roten und einem blauen Jackett. Ein tolles Kostüm – dachten wir. Wir hatten nämlich keine Ahnung, wie wenige Menschen heutzutage noch Milli Vanilli kennen. Erst in der vierten Kneipe stupste Stefan mich in die Seite, deutete auf einen amerikanischen Cop in der Ecke und sagte: «Ich glaube, der hat unser Kostüm verstanden.» Tatsächlich musterte der Cop uns und zog dabei grübelnd die Stirn in Falten. Dann kam er auf uns zu und sagte: «Okay, ihr habt euch ja echt Mühe gegeben. Aber erstens: Die beiden haben keine so langen Haare. Zweitens: Das eine Oberteil muss grün sein, nicht blau. Und drittens: Mario und Luigi haben Schnauzer!»

2010 hatte ich mich dann als chilenischer Grubenkumpel verkleidet. Die 33 Jungs waren nämlich gerade aus der Mine von San José gerettet worden, die Sache konnte man überall in den Medien verfolgen. Ich wollte trotzdem der Gefahr vorbeugen, für einen ganz normalen Bauarbeiter gehalten zu werden. Also schrieb ich mir mit einem dicken Edding «Viva Chile» auf den Helm. Ich ging in die erste Kneipe, der Wirt sah mich, grinste und sagte dann: «Geil. Venezuela, ne?»

Bisheriger Tiefpunkt war aber im Jahr 2012 eine sehr aufwendige Verkleidung als Austin Powers, samt Rüschen-Oberteil und vorstehenden falschen Zähnen. Als ich damit am 11. 11. stolz loszog, schaute mich eine sexy Biene auf der Straße fassungslos an und fragte: «Wer bist du denn? Gesine Schwan?»

Vielleicht setze ich nächstes Jahr doch mal alles auf die Geilheitskarte. Wobei das in Köln nicht ganz ungefährlich ist. Falls Sie also beim Rosenmontagszug jemanden sehen, der zitternd und glitzernd an der Straße steht, sich mit Plastikketten warmzureiben versucht und dabei immer wieder stammelt: «Goldstaub und Ketten gelten in Rio schon als Kostüm!» – dann bringen Sie mich bitte ins Warme.

Küchen-Krieg

Wenn mich jemand fragt, was das Geheimnis einer Langzeitbeziehung ist, muss ich nicht groß nachdenken: «Sich lieben, sich achten und niemals miteinander kochen.»

Viele finden die Vorstellung ja total romantisch: Ein verliebtes Pärchen steht gemeinsam in der Küche, sie lässt vorsichtig Teig in eine Nudelmaschine sinken, er dreht zärtlich an der Kurbel, und wenn der Teig mal einreißt, lachen die beiden vergnügt und stupsen sich mit doppelgriffigem Mehl kleine Kleckse auf die Wange. Dabei trinken sie Merlot aus tiefen Gläsern und hören Katie Melua, bis schließlich die Frau die Pumps wegkickt und das Haar öffnet und die beiden eng umschlungen durch die cremefarbene ALNO-Küche tanzen.

Schöne Idee, aber so funktioniert das nicht. Zumindest nicht bei uns. Und das liegt sicher nicht daran, dass in unserer Beziehung niemand Pumps trägt, die er wegkicken könnte. Wenn Stefan und ich gemeinsam kochen, dann erinnert das eher an zwei Rüden, die sich auf der Hundewiese misstrauisch umkreisen – nur ohne das Hinterngeschnüffel. Und bisher auch ohne anschließende Bisswunden.

Wir streiten uns nicht, wir machen etwas viel Schlimmeres: Wir geben gute Tipps.

Kaum fängt einer an zu kochen, stellt sich der andere lächelnd daneben, bewundert scheinbar die Kochkunst des Partners und sagt dann etwas wie: «Meine Mutter macht ja immer Kümmel an die Bratkartoffeln.» (Was so viel heißt

wie: «Du machst da aber schon noch Kümmel dran, oder?»)
Und: «Hui, die werden aber knusprig!» (Was so viel heißt
wie: «SIE VERBRENNEN! SIE VERBRENNEN! SIE VER-
BRENNEN!»)

Es ist schlimm, ich weiß, wir ekeln uns selbst manchmal vor
uns, aber irgendwie kriegen wir nicht die Kurve.

Das Beste, was man da machen kann, ist – wie so oft: auf Paare
schauen, die noch schlimmer sind. Gucken Sie sich zum Bei-
spiel mal im WDR die Sendung «Kochen mit Martina und
Moritz» an. Gegen die beiden sind Stefan und ich harmlos.
Ach was sag ich: Gegen die beiden waren selbst Kennedy und
Chruschtschow ein Traumpaar.

Martina und ihr Mann Moritz (der eigentlich Bernd heißt,
von Martina aber immer Moritz genannt wird – ja, *so* verrückt
sind die beiden!) stehen da gemeinsam in der Küche ihres
Hauses im Südschwarzwald und kochen ein Menü. Und schon
nach wenigen Minuten möchte man heimlich alle Messer aus
der Küche entfernen, aus Angst, Martina und Moritz könnten
sich statt kleiner Mehlkleckse auf die Wange große Blutflecken
aufs Hemd machen. Das Problem ist nämlich: Martina kann
alles, Moritz kann nix. Findet zumindest Martina. Deswegen
versucht sie den ollen Dödel immer nach wenigen Minuten loszuwerden, indem sie ihm irgendeine Idiotenaufgabe zuschus-
tert («Moritz, zerdrück doch mal ein paar Koriandersamen,
das kannst du doch so gut!») oder ihn einfach aus dem Bild
scheucht («Wolltest du uns nicht einen leckeren Wein zum
Essen aussuchen? Hol den doch mal. Aber nicht hetzen!»).
Der Moritz merkt das trotz aller Dödeligkeit irgendwann (zum
Beispiel, wenn ihm auffällt, dass für das gesamte Essen keine
zerdrückten Koriandersamen benötigt werden) und versucht,

doch noch einen Beitrag zu leisten. Dann streut er völlig sinnlos Koriander in Martinas Bolognese oder schüttet literweise Dornfelder ins Gulasch, und der Schrei, den Martina dann loslässt, holt auch den letzten Schwarzwaldkauz aus seiner Asthöhle.

Stefan und ich sind nicht so. Noch nicht. Aber es war höchste Zeit, ein paar präventive Maßnahmen zu ergreifen.

Als ich kürzlich mal wieder eine durch und durch gut gemeinte Bemerkung zu seiner Pastasauce absonderte («Ui, da kommt aber viel Sahne rein, was?» – sagen Sie nichts, ich schäme mich ja selbst), hat Stefan drei neue Regeln aufgestellt, die ich gerne weitergeben möchte.

Erstens: Wenn wir gemeinsam kochen, kümmert sich jeder um einen Gang und NUR um diesen Gang.

Zweitens: Niemand kommentiert die Kochkünste des anderen.

Drittens: Wer gegen Punkt 1 oder 2 verstößt, wird in den nächsten Zug in den Südschwarzwald gesteckt und muss zwei Wochen in Moritz' Dornfelder-Keller mit der bloßen Hand Koriandersamen zerdrücken.

Ich habe sofort zugestimmt. Ich weiß zwar, dass das schwierig wird, aber ich weiß auch, dass Stefan recht hat. Wenn wir uns an diese Regeln halten, sage ich uns und unserer Beziehung ein langes Leben voraus.

Es sei denn natürlich, Stefans unfassbar fette Pastasauce bringt uns vorher noch ins Grab.

Sidewalk Rage

Gott sei Dank, die Amis haben ein neues Psychoproblem! Ich dachte schon, nachdem mittlerweile jeder zweite Vierjährige in den Staaten sediert wird, weil er unter ADHS leidet (die Krankheit, die früher «Lebhaftes Kind» hieß), und allen über Vierjährigen ein Burnout attestiert wird, gingen den US-Psychologen allmählich die Ideen aus. Aber nix da, so sind sie die Amis: Zack, wurde ein neues Problem erfunden und auch direkt benannt: «Sidewalk Rage» – auf Deutsch in etwa: Gehsteig-Wut.

Wer es nicht glaubt, kann gerne im Internet recherchieren, das ist voll mit Blog-Beiträgen darüber. Und wir wissen alle: Wenn irgendjemand Ahnung vom Leben hat, dann sind's ja wohl die Blogger.

Sidewalk Rage, das ist das Gehweg-Pendant zum Verkehrsrowdy: Leute, die aggressiv werden, wenn Mitfußgänger ihnen zu langsam, zu schnell oder einfach zu doof vor den Füßen herumlaufen. Einige werden jetzt wahrscheinlich schon schreien: «Ha, das hab ich auch!» Aber seien Sie vorsichtig mit solchen Äußerungen, sonst schnippt ihnen schon der erste US-Psychiater eine Ritalin-Pille in den offenen Mund. Beantworten Sie lieber erst die Fragen im Internet, mit deren Hilfe man die Krankheit angeblich zweifelsfrei diagnostizieren kann. Zum Beispiel: «Haben Sie abschätzige Gedanken über andere Fußgänger?» Oder: «Weigern Sie sich, Passanten auszuweichen?» Oder: «Schnauzen Sie andere Fußgänger häufig an?» (Wo ich das gerade so schreibe – kann es sein, dass Sidewalk Rage nicht in Amerika erfunden wurde, sondern in München? Das entspricht jedenfalls alles meinen Erfahrungen bei einem Samstagsspaziergang durch die «Weltstadt mit Herz».)

Übrigens ist auch eine Mitgliedschaft in der Facebook-Gruppe «I Secretly Want to Punch Slow Walking Poeple in The Back Of The Head» ein ganz guter Hinweis darauf, dass Sie nicht gerade ein Gehweg-Gandhi sind. Oder wenn Sie generell nur noch mit einer Taschenlampe durch die Fußgängerzone laufen, um hinter langsam gehenden Passanten eine Lichthupe zu imitieren. Und falls Sie schon mal zu einem japanischen Touristen gegangen sind, der mit einer Straßenkarte in der Hand auf dem Gehweg stand, und ihn gefragt haben: «Entschuldigung, kann ich Ihnen vielleicht auf die Nase schlagen?» – na, dann aber ab in die Selbsthilfegruppe!

Aber wie kriegt man Sidewalk Rage in den Griff? Eigentlich haben die Amerikaner ja zwei universelle Problemlösungsstrategien: Krieg führen oder Pillen draufschütten. Da die Pillen aber schon alle von den Vierjährigen geschluckt werden und die meisten Panzer nicht auf einen Bürgersteig passen, muss man sich beim Sidewalk Rage etwas anderes einfallen lassen. Amerikanische Experten haben sich deshalb eingehend mit dem Problem beschäftigt und nach jahrelanger Forschung nun die ersten vorsichtigen Behandlungsempfehlungen ausgesprochen. Mein Lieblingsratschlag kommt von einem besonders renommierten Psychologieprofessor der University of Southern Mississippi in Hattiesburg. Der hat Sidewalk-Rage-Patienten nämlich allen Ernstes Folgendes empfohlen: «Das Beste, was sie tun können, ist, sich zu entspannen.»

Hui. Ehrlich? Na, da waren die Forschungsgelder doch gut angelegt.

Nachdem dieses Problem also gelöst ist, drohen die US-Psychologen natürlich schon ins nächste Motivationsloch zu fallen. Aber das muss nicht sein. Ich hätte da ein paar Vorschläge für neue Forschungsfelder.

1. «Bahn-Boxer»: Menschen, die wahnsinnig werden, wenn sie aus einer Bahn aussteigen wollen und sich ihren Weg durch wartende und im Weg stehende Fahrgäste hindurchboxen müssen. Rufen Sie mich an, ich stelle mich da gerne für Forschungszwecke zur Verfügung.

2. «Flexi-Leinen-Hasser»: Menschen, die Flexi-Leinen hassen. Klingt banal, aber wenn Ihnen schon mal ein Hundebesitzer entgegenkam, dessen Hund an einer quer über den ganzen Gehweg gespannten Flexi-Leine lief, und Sie sich deshalb entscheiden mussten, ob Sie entweder über die Leine springen oder Limbo unten durchtanzen, dann wissen Sie, was ich meine. Auch hier biete ich mich gerne der Forschung an.

3. «Ampel-Aggression»: Dazu muss man wissen: Bei Kölner Fußgängerampeln ist es schnurzegal, ob man den Knopf drückt oder nicht. Irgendwann wird es grün, völlig unabhängig davon, was man mit dem lustigen Knopf macht. Jedes Mal, wenn ich in Köln auf eine Ampel drücke, habe ich das Gefühl, sie will mir sagen: «Freundchen, du hast mir überhaupt nix zu befehlen. Ich werd grün, wann *ich* das will!» Das ist auch nicht schlimm, ich habe mit der Zeit meinen Frieden mit Kölns Ampeln geschlossen und fasse sie gar nicht mehr an. Aber wenn dann von hinten ein anderer Passant kommt, kurz bevor es sowieso grün

wird den Knopf drückt, mich schmierig anlächelt und sagt: «Geht schneller, wenn man drückt ...» Also, dann möchte ich ... Dann würde ich sofort ... Also dann ...

Puh.

Wie gesagt – rufen Sie mich einfach an.

Ich versuche es so lange mal mit diesem völlig verrückten Hattiesburger Entspannungstipp.

Urlaub mit wilden Tieren

Als Großstadtbewohner hat man ja nicht so oft Kontakt zu wilden Tieren. Karnickel im Park, Ziegen im Streichelzoo, Fruchtfliegen überm Lidl-Obst – das war's dann schon mit der belebten Umwelt des gemeinen Städters.

Wenn man in Köln lebt, kommen vielleicht noch die als Kuh verkleideten Sportstudenten dazu, die sich am Rosenmontag bei wehrlosen Passanten unterhaken, «Husefackisälliss» grölen und sich dann in einen Hauseingang übergeben. Das hat ja schon etwas Animalisches, aber ein ergreifendes Naturerlebnis stelle ich mir anders vor.

Wie sehr wir Stadtmenschen uns von der Tierwelt entfremdet haben, wurde mir kürzlich wieder bewusst, als ich in einer Kneipe geschlagene zwei Stunden mit einem Freund darüber diskutierte, ob das Reh denn nun die Frau vom Hirsch ist oder nicht. (Ich: «Aber *wenn* es so wäre – wer oder was ist denn dann die Hirschkuh?» Er, schulterzuckend: «Keine Ahnung. Die Schwiegermutter?»)

Umso wichtiger ist mir persönlich, im Urlaub Kontakt zu Tieren zu bekommen. Ein Urlaub, in dem ich nicht mindestens fünf fremde Tierarten streicheln, zehn weitere fotografieren und die eine oder andere vielleicht auch essen kann, ist für mich ein Totalausfall. Es ist jedes Mal dasselbe: Ich steige aus dem Flieger, sehe einen roten, grünen oder blauen Vogel und erstarre vor Ehrfurcht. Sofort bin ich überzeugt, dass dieser rote, grüne oder blaue Vogel das edelste und seltenste Tier ist, welches die Fauna meines Urlaubslandes zu bieten hat, zücke meine Kamera und knipse mindestens drei SD-Karten voll. Irgendwann merke ich dann, dass dieser rote, grüne oder blaue Vogel in Sachen Seltenheit und Crazyness in etwa dem deutschen Haussperling entspricht. Und während immer mehr dieser Vögel auf meinem Hotelbalkon landen, schaffe ich kleinlaut wieder Platz auf meinen SD-Karten.

Fünf Minuten später sehe ich dann einen roten, grünen oder blauen Käfer, und das Spiel beginnt von vorne.

Ich bin immer wieder überrascht, wenn andere Menschen diese Leidenschaft nicht teilen. Allen voran meine Nachbarin, der ich vor dem Urlaub meist den Wohnungsschlüssel für den Notfall vorbeibringe. Glaubt man Frau Reichardt, so haben Tiere in Urlaubsländern nur ein einziges Ziel: die vollständige Ausrottung der Menschheit.

Kaum klingle ich an ihrer Tür und erzähle ihr, dass Stefan und ich wegfahren und uns diesmal das Land XY ausgesucht haben, verzieht sie das Gesicht, greift sich ans Herz, saugt zischend Luft ein, wiederholt dann stöhnend den Namen des Landes und scheint sich innerlich für immer von uns zu verabschieden. Dann blickt sie sinister, packt meinen Arm und raunt so etwas wie: «Passt mir ja auf die Tüpfelhyänen auf!» Oder auch: «Markus, du weißt: Krokodilen *immer* mit der flachen Hand auf die Nase schlagen!» Was man halt so lernt in Tierfilmen auf RTL 2. Oder was sie sich noch behalten hat von den Schauermärchen, die Eltern ihren Kindern früher erzählten, damit sie freiwillig vor Einbruch der Dunkelheit nach Hause kommen. Ich erinnere mich an einen Kroatienurlaub, vor dem sie mit einem besonders erschütterten Gesichtsausdruck meine Hand nahm und mit bebender Stimme verkündete: «Kroatien! Markus, da gibt es *Fledermäuse*! Die krallen sich in deinen Haaren fest und lassen sie *nie wieder* los!» Ich runzelte die Stirn. «Frau Reichardt, haben Sie mir oder Stefan in den letzten fünf Jahren unserer Nachbarschaft mal auf den Kopf geguckt?» Sie warf einen Blick auf meine kurzrasierte Fastglatze, schlug die Hand vor den Mund und flüsterte erstickt: «O Gott, dann geht's ja direkt in die Kopfhaut!»

Schier ausgeflippt ist sie allerdings beim Thema Australien. Ich selbst hielt den Kontinent vorher für ein freundlich-harmloses Urlaubsziel. Ich weiß, das war ein bisschen naiv. Die gefährlichsten Tiere der Welt leben in Australien, aber das hatte ich irgendwie ausgeblendet. Blacky Fuchsberger fliegt da ja regelmäßig hin, außerdem hatte ich Bilder im Kopf von edlen Wilden, die am Uluru runzlige Traumschiff-Darsteller begrüßen – so schlimm konnte es doch alles nicht sein. Frau Reichardt sah das anders. Sie hatte kein einziges gefährliches Tier ausgeblendet. Die Tierwelt Australiens, das waren für sie nicht Kängurus, Wombats und Koalas, sondern Haie, Würfelquallen und Rotrückenspinnen.

Als der Abflug näher rückte, nahm sie mich ein letztes Mal ins Gebet:

«Markus, versprich mir, dass ihr euch an folgende Regeln haltet: Hebt nicht jeden Stock vom Boden auf! Es könnte eine Schlange sein!»

Ich wusste zunächst gar nicht, was ich antworten sollte. Dann fragte ich vorsichtig: «Frau Reichardt, warum sollte ich denn überhaupt Stöcke aufheben?»

«Na, das macht man doch oft! Aber in Australien ist das anders! Da denkt man, man hebt einen Stock auf, und zack, hat man einen Taipan in der Hand.»

«Frau Reichardt, ich bin 35. Ich hebe keine Stöcke auf. Ich bin zu alt, um mir was draus zu schnitzen, und zu jung für 'ne Gehhilfe!»

«Dann ist ja gut», sagte sie. «Dasselbe gilt aber auch für Steine.»

«Steine können auch Schlangen sein?»

Sie schüttelte ungeduldig den Kopf. «Unter Steinen sitzen Skorpione! Hebt bloß keine Steine auf!»

«Okay, versprochen. Keine Stöcke, keine Steine.»

«Und bevor du morgens in deine Wanderschuhe steigst: immer erst ausschütteln. Da nisten sich schnell mal Spinnen ein.»

«Ja, aber … was ist denn, wenn ein Skorpion unterm Schuh sitzt? Da greife ich ja dann voll rein!»

Frau Reichardts Unterlippe begann zu zittern. Ihre Augen füllten sich mit Tränen, und sie krallte sich noch fester in meinen Arm. Ich versprach also, meine Schuhe immer erst vorsichtig umzustoßen, bevor ich sie ausschüttle, und verabschiedete mich schnell.

Und was soll ich sagen? Offenbar war meine Australien-Auffassung doch nicht so naiv: Wir haben in vier Wochen *keinen* Skorpion, *keine* Schlange und *keine* Spinne gesehen. Stattdessen knipste ich jede Menge roter, grüner und blauer Vögel.

Als wir dieses Jahr dann einen Kanada-Urlaub ins Auge fassten, wollte ich mir gar nicht vorstellen, was Frau Reichardt zu Grizzlys und Pumas zu sagen hätte, und beschloss, mir den Vortrag zu ersparen. Ich gab den Schlüssel unseren anderen Nachbarn und zog Stefan und unsere gepackten Koffer schnell an Frau Reichardts Wohnungstür vorbei.

Wenige Stunden später saßen wir im Flieger, und als ich gerade einschlafen wollte, sagte Stefan plötzlich: «Merk dir mal Folgendes: Wenn ein Rentier auf der Straße steht, nicht hupen.»

Ich schreckte auf. «Bitte?»

«Steht hier.» Stefan deutete auf das Buch, das er gerade las. «Wenn man hupt, kommen die anderen Rentiere auch noch aus dem Wald und gucken, was da los ist.»

«Was liest du denn da eigentlich?»

Stefan zeigte mir den Buchtitel: «*Die Tierwelt Kanadas*. Hat mir die Reichardt mitgegeben.»

Diese hinterhältige Kuh, dachte ich. Jetzt versucht sie schon meinen Freund gegen mich auszuspielen.

Ich wollte das Thema möglichst schnell abhaken und sagte nur: «Alles klar. Nicht hupen, ich merk's mir.»

Aber Stefan war noch nicht fertig. «Leider steht hier nicht, was man stattdessen tun soll.»

«Wie bitte?»

«Na ja, wenn man nicht hupen darf, was soll man denn sonst machen?»

«Vielleicht mit der flachen Hand auf die Nase schlagen?»

Stefan schaute mich stumm an.

Dann vertiefte er sich kommentarlos in sein Buch. Als ich gerade wieder wegnicken wollte, sagte er: «Und wir sollten uns so ein Glöckchen kaufen.»

«Ein was?»

«Ein Glöckchen fürs Hosenbein. Wegen der Bären.»

Ich verstand noch immer nicht.

Stefan erklärte: «Hier steht: Wenn man sich Glöckchen an die Hosen macht, hören die Bären das und hauen ab.»

Ich musste lachen. «Und woher wissen die Bären, dass sie

abhauen sollen? Die haben das Buch schließlich nicht gelesen. Vielleicht machen sie genau das Gegenteil! Vielleicht sind sie so neugierig wie die Rentiere und kommen extra aus dem Wald raus, um zu gucken, wer da bimmelt! Oder sie rennen uns mit Kleingeld entgegen, weil sie glauben, der Eismann kommt!»

Stefan verdrehte die Augen.

Ich ruderte etwas zurück. «Reicht es nicht vielleicht, wenn wir uns einfach laut unterhalten? Oder was singen?»

«Was willst du denn singen?»

«Was weiß ich, irgendwas Lustiges von früher, ausm Zeltlager … ‹Negeraufstand ist in Kuba›, oder in der Art. Macht man doch so beim Wandern.»

«Genau», nickte Stefan. «Zwei glatzköpfige Deutsche ziehen durch den kanadischen Wald und singen rassistische Lieder. Da stehen die Kanadier drauf.»

Diesmal hatte wohl ich unsere Frisuren vergessen.

«Ich kann auch ‹Meine Oma fährt im Hühnerstall Motorrad›», versuchte ich es kleinlaut.

Stefan schüttelte den Kopf. «Ich kauf mir ein Glöckchen.»

Um den Urlaubsfrieden zu wahren, habe ich mir natürlich auch ein Glöckchen besorgt. Und sogar getragen. Zwei Wochen lang wanderten wir damit durch die Wälder und bimmelten wie die Weihnachtsschlitten. Tiere haben wir nicht gesehen. Keine Bären, keine Pumas, keine Rentiere. Nicht mal rote, grüne oder blaue Vögel. Sogar die haben wir weggebimmelt.

Das war er – mein persönlicher Urlaubs-Totalausfall.

Das heißt – er wäre es fast geworden. Denn nach unserer letzten Wanderung, als wir gerade im Auto saßen und nach Vancouver zurückfuhren, ist etwas passiert. Genau in dem Moment, als

Stefan meinte, es wäre doch fast ein bisschen schade, dass wir so gar kein wildes Tier gesehen hätten. Und als ich überlegte, ob ich mein Hosenbeinglöckchen vielleicht Frau Reichardt an die Stirn tackern soll. Genau da sahen wir ihn: den Bären. Unseren Bären. Er saß einfach so am Straßenrand und fischte Krümel aus einer weggeworfenen Chipstüte. Als hätte er auf uns gewartet. Es war ein Moment, der mir noch immer nur in Zeitlupe in Erinnerung ist: Stefans offener Mund, mein Finger an der Fensterscheibe, der Bär, die Krümel. Ein Moment vollkommener Stille und Harmonie. Zumindest, bis mir der entgegenkommende Truck mittels Hupe verdeutlichte, ich solle bei aller Begeisterung doch besser auf meiner Seite der Straße bleiben.

Als der Truck vorbei war, schaute ich noch mal in den Rückspiegel. Und ich schwöre: Der Bär blickte uns hinterher. Er guckte und hob sogar eine Tatze. Als wollte er uns etwas hinterherrufen. Vermutlich: «Entschuldigung ... habt ihr den Eismann gesehen?»

Respekt

Am Strand.

Ein zirka vierjähriges Kind rennt zu seinem Vater, der einige Meter neben mir liegt, und brüllt aus voller Kehle: «Papa, Papa, du musst unbedingt mitkommen! Da drüben liegt etwas, so was habe ich noch NIE in meinem ganzen Leben gesehen!»

Der Vater richtet sich interessiert auf und fragt seinen Sohn: «Okay. Was ist es denn?»

Der Junge kann vor Aufregung kaum sprechen. «Ich bin mir nicht sicher, aber es sieht ein bisschen aus wie ein …»

Er ringt nach Worten: «… wie ein …»

Dann reißt er die Augen auf und ergänzt: «Wie ein … Stock!»

Kurze Pause. Der Mann schaut sein Kind an und scheint zu überlegen, was er antworten soll.

Dann steht er auf, nimmt den Jungen an der Hand, geht mit ihm los und sagt: «Na, dann schauen wir uns das mal an.»

Es sind Momente wie diese, da ich einen schier unfassbaren Respekt vor Menschen mit Kindern bekomme.

Die Nacht der singenden Lebenden

Drei Dinge gibt es auf dieser Welt, vor denen ich wirklich Angst habe: Seuchen, Atomkrieg und Musicals.

Während ich aber die von Seuchen und Atomkrieg ausgehende Gefahr für einigermaßen kontrollierbar halte, steigert sich meine Musicalpanik von Tag zu Tag. Es werden immer mehr. Sie kommen immer näher. Und ich schwöre: Sie verfolgen mich.

Während ich diese Zeilen schreibe, liegt zum Beispiel neben mir ein Kölner Veranstaltungsmagazin, das auf dem Cover für eine «Best of Musical»-Gala wirbt. Das Titelfoto zeigt 15 Bühnenkünstler, die in Richtung Kamera laufen, die Arme energiegeladen schwingen und mit ihrem Gesicht das machen, was man in Musicalschulen wohl unter Lächeln versteht: Sie ziehen die Oberlippe über die Zahnreihe. Aber das ist kein Lächeln. Gehen Sie mal in einen Zoo und beobachten Sie ein Rudel Schakale. Wenn da einer die Oberlippe über die Reißzähne zieht und auf Sie zukommt, denken Sie sich dann: «Ach, der lächelt aber freundlich, den streichel ich mal!»? Na eben.

Ich muss dieses Titelbild nur anschauen, und mir läuft ein eiskalter Schauer über den Rücken. Eine Handvoll Zombies, die mit verfaulten Gesichtern und Gedärmen in der Hand auf mein Haus zumarschieren, könnte mir nicht halb so viel Angst machen. «Die Nacht der lebenden Toten»? Da lache ich doch. «Die Nacht der singenden Lebenden» – *das* macht mich fertig!

Ich weiß genau, wie meine Musicalphobie begann: Als ich noch ein Kind war, drückte mein Vater meiner Mutter zum Geburtstag mal einen Umschlag in die Hand. Darin war eine Eintrittskarte für «Miss Saigon», in Stuttgart. Meine Mutter wusste, wie sehr mein Vater Musicals hasst («In der Oper wird gesungen, was zu dumm ist, um gesprochen zu werden. Und im Musical wird es sogar noch getanzt!», so sein Standardspruch), und fragte deshalb vorsichtig: «Geh ich da allein hin?»

Mein Vater schüttelte entrüstet den Kopf. «Also, hör mal, für wen hältst du mich denn?»

Dann holte er einen zweiten Umschlag hervor. Und drückte ihn mir in die Hand.

Als meine Mutter und ich dann im Stuttgarter Musicaltheater saßen, starrte ich fassungslos auf die Bühne. Ich verstand auch nicht ansatzweise, was da gerade vor sich ging und warum die Menschen um mich herum so begeistert waren.

«Mama, warum singen die denn ständig?»

«Das ist ein Musical»

«Geht's dem einen nicht gut?»

«Er tanzt.»

«Und was machen die alle mit ihrem Gesicht?»

«Sie lächeln!»

Damals sah ich auch zum ersten Mal die berühmteste aller Musicalgesten, die mich noch heute schaudern lässt: Die Musicalfaust. In jeder Produktion schaut früher oder später einer der Darsteller ergriffen, streckt die Hand nach vorne, ballt sie dann zur Faust und zieht sie langsam, wie unter großer Anstrengung, wieder zu sich.

Als Kind war mir völlig klar, was der Mann da grade machte. «Vorsicht, Mama, er saugt unsere Seelen auf!»

Der Abend nahm ein abruptes Ende: Als endlich der im Programmheft groß angekündigte Hubschrauber auf dem Dach der Pappmaché-US-Botschaft landete, sprang ich auf, winkte und rief: «Hier! Ich will auch mit! Fliegt mich hier raus!!!»

Wovor genau ich Angst habe, ist dabei schwer zu erklären. An die Theorie, dass Musicaldarsteller Seelen fressen, glaube ich heute nur noch bedingt. Es ist eher ihre schiere Masse, die mir Angst macht. Wie bei diesen Marienkäfern auf dem Balkon, die man anfangs noch irgendwie putzig findet. Bis man dann feststellt, dass da *überall* Marienkäfer sind, und man leicht verunsichert die Fenster schließt.

Und Köln ist weiß Gott voller Musicaldarsteller: im Supermarkt, im Fitness-Studio und – besonders schlimm – in Kneipen. Man erkennt sie daran, dass sie beim Hereinkommen nicht «Hallo!» sagen, sondern «Tataaa!». Dann schnappen sie sich einen Stuhl, drehen die Lehne kess nach vorne, setzen sich drauf und schieben langsam ihre Lippe über den Oberkiefer, während ich mich im Hintergrund hinausschleiche.

Vor einigen Jahren krallte sich die Musicalindustrie auch noch eine meiner All-Time-Lieblingsbands und verwurstete sie zu einem unwürdigen Tanz-Hüpf-Grinse-Spektakel: «We Will Rock You – das Queen-Musical». Mit «Bohemians» und einer «Killer Queen» und einem Planeten «e.Bay», auf dem das Ganze spielt. Da soll man nicht heulen?

Natürlich bin ich nicht der einzige Mensch mit Musicalphobie. Schauen Sie mal nach Hamburg. Dort wurde der «König der

Löwen» auf eine Insel im Hafen verbannt. Erinnert nur mich das an die Leprakolonien vor mittelalterlichen Städten? Vermutlich spielen die Hamburger Stadtoberen insgeheim mit dem Gedanken, irgendwann die ganze Insel loszufräsen und elbabwärts Richtung Brunsbüttel treiben zu lassen. Da können Timon und Pumbaa ihre Musicalhand so sehnsüchtig Richtung Ufer strecken, wie sie wollen!

Nur manchmal, wirklich ganz, ganz selten, passiert mir bei Musicaldarstellern das, was mir auch bei Zombies gelegentlich passiert: Ich habe Mitleid mit ihnen.

Kürzlich sah ich einen Werbespot für eben den «König der Löwen». Darin gab es eine Szene mit zehn Akteuren, die mit einem Stück Wiese auf dem Kopf im Kreis tanzten. Im Hintergrund lief Musik, vermutlich ein emotionaler Elton-John-Heuler. Vielleicht war's aber auch ein Stimmungskracher mit dem Titel «Ich hab 'ne Wiese aufm Kopf, ich bin die Steppe!». Ich weiß es nicht, denn ich hörte natürlich nicht zu. Stattdessen kam mir der Gedanke: Wie demütigend muss das sein? Da nimmst du zehn Jahre lang Gesangsunterricht in London, Schauspielstunden in München und Musical-Faust-Nachhilfe in New York, und dann wirst du im «König der Löwen» dritte Grasnarbe von rechts? Und irgendwann steht auf deinem Grabstein: «Hier liegt der berühmte Musicaltänzer XY. Er hatte während seines gesamten künstlerischen Lebens ein Stück Wiese auf dem Kopf. Jetzt auch.»

Der Gedanke machte mich sehr traurig. Aber nur kurz. Dann schob sich langsam meine Oberlippe über die Zahnreihe.

Da hat aber einer was vor

Ich finde, jeder Großstadtbewohner sollte über einem Sexshop wohnen. Seit vier Jahren haben wir nun den «Bazar Bizarr» unter uns, mit all seinen Dildos, Masken und Penispumpen. Und den Unterhaltungswert, den so ein Laden bietet, kriegt man einfach nicht von einem Kiosk, einem Nagelstudio oder einem Steuerhilfebüro.

Nach jeder Schaufensterumgestaltung spielen Stefan und ich zum Beispiel eine Runde «Dildo durch den Dödel»: Das ist ein sehr kniffliges Spiel. Wir stellen uns dazu vor den Laden, schauen die Artikel in den Glasvitrinen an, und wer die sinnvollste Erklärung zur Anwendung der ausgestellten Produkte findet, hat gewonnen. Das Ganze heißt übrigens so, weil unsere Diskussionen dabei sehr an Mike Krügers Lied «Nippel durch die Lasche» erinnern.

«Also, als Erstes nimmt man diesen Dildo mit den zwei Verästelungen. Die eine steckt man in den … Ach nee, das sind ja drei Verästelungen …»

«Ja, über die eine stülpt man wahrscheinlich dieses noppige Gummiding, während der Partner mit dem Stäbchen da und dem geriffelten Glas-Nupsi …»

«Ach, Quatsch, an dem Stäbchen ist doch hinten noch 'ne Pumpe dran. Damit muss man irgendwas aufpumpen. Vielleicht den Dildo?»

«Oder die Noppen von dem Gummiding.»

«Und wofür ist überhaupt der Schieber mit der Gummi-
lippe da unten?»

«Du Depp: Das is 'n Fensterabzieher.»

Den Gewinner zu ermitteln ist bei diesem Spiel übrigens ein
bisschen schwierig, denn eigentlich wollen wir in den meisten
Fällen *überhaupt* nicht wissen, wofür die Sachen gut sind. Einmal ging Stefan nämlich in den Laden, um Frank, den Besitzer,
zu fragen, wozu man wohl im Bett diese dünnen Stäbchen aus
chirurgischem Stahl benötigt. Nach drei Sekunden kam er mit
zugehaltenen Ohren aus dem Geschäft gerannt und schrie:
«Lalalaaaaaaa, ich kann dich nicht höööööööören!»

Ich halte uns nicht für prüde, wirklich nicht! Aber wenn
Frank zu erzählen anfängt, erröten sogar Hamburger Hafen-
nutten. Kennen Sie diese Opas, die auf Geburtstagsfeiern
immer im unpassendsten Moment vom Krieg erzählen, bis
alle die Gesichtsfarbe verlieren und die Buttercremetorte weg-
schieben? Genauso sind Franks Geschichten, nur mit Sex statt
Schussverletzungen.

Trotzdem liebe ich den Laden. Es gibt nur ein kleines Problem:
Franks Leidenschaft für schmierige Anspielungen.

Er steht nämlich fast den ganzen Tag vor seinem Geschäft,
raucht und ruft jedem, der vorbeigeht, eine anzügliche Bemerkung hinterher. Das allein wäre noch nicht so schlimm. Aber es
sind die mit Abstand schlechtesten anzüglichen Bemerkungen,
die ich je gehört habe. Eigentlich sind sie, soweit ich das verstehe, auch gar nicht anzüglich. Er sagt sie nur in einem so wahnsinnig schmierigen Tonfall und betont dabei wahllos irgendwelche Wörter, dass es topversaut klingt. Man läuft also an dem
Laden vorbei, Frank steht davor, zieht genüsslich an seiner Zi-

garette, setzt ein Grinsen auf und sagt in leicht tuckigem Ton so etwas wie: «Na, da *knallt* die Sonne aber wieder runter, was?»

Wenn man dann, wie ich am Anfang, ganz naiv und freundlich stehen bleibt und sagt: «Öh … stimmt», kriegt er sich gar nicht mehr ein, schnalzt mit der Zunge, wedelt mit den Händen und sagt: «*Wusst* ich doch, dass du 'ne kleine *Sau* bist!»

Der Mann ist mir ein einziges Rätsel.

Zum Glück geht es nicht nur mir so. Die Postbotin kommt, Frank leckt sich die Lippen und ruft: «Meine *Güte*, ist das Wägelchen wieder voll!»

Der Müllmann kommt, Frank lächelt lasziv und ruft: «*Das* nenn ich mal 'ne gelbe Tonne!»

So geht das den ganzen Tag.

Der einzige Grund, warum er mit dieser Masche nicht in Schwierigkeiten gerät: Wirklich niemand versteht seine Anspielungen. Was soll man auch sagen, wenn man auf dem Fahrrad an einem Laden vorbeifährt, der Besitzer verführerisch zwinkert und dabei mit einem vielsagenden Grinsen ruft: «Na, da *scheppert* aber das *Schutzblech*!» Richtig: nichts.

Nur die Politesse, der Frank mal hinterhergerufen hat: «Herrschaftszeiten, da *rattert* aber der Knöllchendrucker», hat ihn mal wegen sexueller Belästigung angezeigt. Natürlich konnte niemand Frank nachweisen, dass «Knöllchendrucker» irgendeine sexuelle Bedeutung hat, und die Anzeige wurde wieder vergessen.

Kürzlich brachte mir ein Freund eine Stehlampe vorbei, die er selbst nicht mehr haben wollte. Er kam völlig verstört an meiner Wohnungstür an und sagte: «Euer Fetischtyp hat mich grade so komisch angeguckt und gesagt: ‹Na, da *hat* aber einer was vor!› Weißt du, was der meint?»

Ich wusste es nicht. Aber ich wusste, dass das Franks neuer Lieblingssatz war. Egal, was man tat, ob man mit einem Möbelstück, einer Aktentasche oder einem Hund vorbeikam – jedes Mal rief Frank: «Na da *hat* aber einer was vor!»

Besonders schlimm war es, wenn ich mit meinen Einkäufen nach Hause kam. Und ich rede hier nicht von Gurken und Margarine, die kaufte ich vor lauter Angst schon gar nicht mehr. Zumindest nicht zusammen. Ich rede von ganz gewöhnlichen Einkäufen, an denen ich beim besten Willen nichts Anzügliches finden kann.

«Kernlose Trauben! Na, da *hat* aber einer was vor!»

Aber kürzlich hat er es übertrieben. Ich kam gerade vom REWE, in der Hand eine Zeitung und eine Packung Kaffeefilter. Ich bog in unsere Straße ein und jubelte innerlich: Frank stand nicht vor seinem Laden. Schnell wollte ich an der Tür vom «Bazar Bizarr» vorbeihuschen, aber ich hatte mich zu früh gefreut.

«Na, da *hat* aber einer was vor!», tönte es aus der Fetischhöhle.

In dem Moment traf ich eine Entscheidung. Ich blieb stehen und fragte: «Nämlich?»

Frank kam aus seinem Laden. Ich konnte ihm ansehen, dass er damit nicht gerechnet hatte.

«Wie bitte?», fragte er.

«Nämlich was?», entgegnete ich. «Was soll ich deiner Meinung nach vorhaben mit einer Packung Filtertüten und einer Zeitung?»

Frank verdrehte die Augen und schaute mich vielsagend an. «Ach, Markus, jetzt schalt aber mal den Bambi-Modus wieder aus! Du weißt genau, was man damit anstellen kann!»

«Ja», sagte ich, «Kaffee kochen und Zeitung lesen! Mehr

fällt mir nicht ein! Nenn mich naiv, aber mit einer Zeitung und Kaffeefiltern kann man nichts Erotisches anstellen. Deine Anspielungen machen doch gar keinen Sinn!»

Frank runzelte die Stirn. «Meinst du?»

«Ja, mein ich. Aber du kannst mir gerne das Gegenteil beweisen.»

Frank zuckte die Schultern. «Wiiiiirklich?»

«Ja», sagte ich. «Wiiiirklich.»

Dann fing Frank an zu erzählen.

Drei Sekunden später rannte ich mit hochrotem Kopf und zugehaltenen Ohren unser Treppenhaus hoch und rief: «Lalalaaaaaa, ich kann dich nicht hööööööören!»

Düngen ist für Muschis

Ich habe es wirklich gut gemeint mit meinen Pflanzen. Als ich zum ersten Mal eine Wohnung mit Balkon hatte, kaufte ich mir sofort einen Satz Terrakottakästen und mehrere Fleißige Lieschen, weil ich mir dachte: Mit denen hast du bestimmt keinen Ärger. «Fleißiges Lieschen» klingt so ein bisschen nach einer dieser unverwüstlichen Trümmerfrauen, die auch mit offener Tuberkulose samstags noch das Treppenhaus wischen. Die halb Afrika mit ihren Sauerkrautvorräten ernähren könnten und zu jeder Tages- und Nachtzeit in der Lage sind, aus einem Stein und etwas Zeitungspapier eine ordentliche Kartoffelsuppe zu kochen. Deswegen ging ich fest davon aus, dass meine Fleißigen Lieschen sich gut um sich selbst kümmern können. Das war ein Irrtum. Vielleicht hätte ich vorher mal im Internet recherchieren sollen. Bei Wikipedia steht nämlich unter «Fleißiges Lieschen» bereits im ersten Satz: «… in der Schweiz auch ‹Süüfferli› genannt, wegen des vergleichsweise hohen Wasserbedarfs.»

«Vergleichsweise hoch» – dass ich nicht lache! Im Grunde stand ich den ganzen Tag mit der Gießkanne neben den Pflanzen. Wenn ich sie mal eine halbe Stunde lang nicht gegossen hatte, ließen sie sich schon schlaff über den Rand des Balkonkastens hängen und streckten nur noch einen Zweig in Richtung Nachbarbalkon, als wollten sie schreien: «Helft uns! Er lässt uns verdursten!» Das waren keine «Fleißigen Lieschen», das waren «Hinterhältige Trullas».

Als mich die ersten Nachbarn auf der Straße vorwurfsvoll anschauten, haben Lieschen und ich uns getrennt.

Ich fuhr also noch einmal ins Gartencenter und kaufte nur Pflanzen, die ausdrücklich als «robust» deklariert waren. Abends standen dann eine Hortensie, ein Lavendel und ein Strauch Rosmarin auf meinem Balkon. Ich räumte sogar meinen Kugelgrill weg, nur damit die Pflanzen mehr Platz hatten. Leider war «stehen» auch das Einzige, was die drei in den nächsten Monaten taten. Gewachsen sind sie nicht.

Eines Nachmittags gingen Stefan und ich auf den Balkon und befühlten die Blätter, um sicherzugehen, dass ich nicht aus Versehen zu den Plastikpflanzen gegriffen hatte.

Stefan zuckte die Schultern. «Vielleicht solltest du sie mal düngen.»

«Düngen!», rief ich gekränkt. «Düngen ist was für Muschis!»

«Was?»

«Na, was setz ich denn da für ein Zeichen, wenn ich die dünge? Die sollen sich mal schön selbst ernähren! Irgendwann verlassen die sich sonst darauf, und dann habe ich hier drei so verweichlichte Wohlstandspflanzen an der Backe!»

Stefan verstand mich immer noch nicht.

«Das ist wie mit den Besserverdienenden-Kindern vom Rathenauplatz, denen immer der Arsch hinterhergetragen wird», erklärte ich. «Wo die Muttis sogar den Dreizehnjährigen noch ein Taschentuch an die Nase halten und sagen: ‹So, jetzt mach mal ganz doll pfft, pfft, pfft!› Weißte, was ich meine? Nike-Turnschuhe für 200 Euro, aber zu dumm, sie zu binden. So werden *meine* Pflanzen nicht!»

«Ist ja gut, ich hab's verstanden», brummte Stefan.

«Meine Pflanzen sollen auf eigenen Füßen stehen. Also ... Wurzeln, meine ich.»

Mein Freund zuckte die Schultern. «Vielleicht sollten

wir dann wenigstens über ein Bewässerungssystem nachdenken.»

«Ich glaub, es geht los!», rief ich. «Erst soll ich sie düngen und jetzt auch noch an den Tropf hängen. Soll ich ihnen auch noch ein Jäckchen stricken, falls es nachts zu kalt wird? Das hier ist ein Balkon und keine Einrichtung für Betreutes Wachsen!»

Stefan hob resignierend die Hände, doch ich war jetzt richtig in Fahrt.

«Ich rufe gleich meine Tante Dora an. Die weiß bei Pflanzenfragen immer Bescheid. Pflanzen und Buttercremetorten. Was Dora sagt, ist Gesetz!»

Als meine Tante abhob, legte ich sofort los. «Dora, hör mal, ich hab ein kleines Problem mit meinen Balkonpflanzen … »

«Düngst du sie regelmäßig?», kam es aus der Leitung.

«Öhm, nein», gab ich kleinlaut zu.

«Dann brauchste dich nicht zu wundern. Noch 'ne Frage?»

«Nein.»

«Dann tschüs. Ich rühr hier grade 'ne Buttercreme … »

Sie legte auf.

Allein Stefans Grinsen war für mich Grund genug, die Pflanzen trotzdem nicht zu düngen. Und auch kein Bewässerungssystem zu kaufen. Ich habe mich stattdessen für das genaue Gegenteil entschieden und eine neue, radikale Art der Balkonbegrünung erfunden. Ich nenne es: Darwinistisches Gärtnern. Das funktioniert folgendermaßen: Pflanzen im Mai kaufen, in Kübel setzen, auf den Balkon stellen und ab dann weder gießen noch düngen. Einfach schauen, was passiert. Darwin eben: Survival of the fittest, natürliche Auslese, die härteste Pflanze gewinnt.

Das Experiment ist noch nicht ganz abgeschlossen, aber ein Ergebnis lässt sich schon erahnen: So wie es aussieht, werde ich bald auf dem Balkon wesentlich mehr Platz haben. Zum Beispiel für einen schönen, großen Gasgrill.

Gassi-Mikado

Es könnte alles so einfach sein: Man kommt am Wochenende aus der Kneipe zurück, schnappt sich den Hund, macht noch eine kurze Runde mit ihm und kann dann am nächsten Tag ausschlafen. Kleines Problem: Nachts um drei gibt es keine kurzen Runden mit dem Hund. Nachts um drei gibt es nur langes, zähes Dahingeschleppe von einem Grünstück zum nächsten, ohne dass das Tier auch nur ein Mal ein Bein heben oder sich setzen würde. Weil es genau weiß: «Du hattest deinen Spaß am Tresen, jetzt hab ich meinen.»

Dann steht mein Hund Bärbel auf dem winzigen Grünstück, zu dem ich sie mit letzter Kraft gezogen habe, und schaut mich ratlos an.

«Was soll ich denn hier?», scheint sie zu fragen.

«Na los, lass laufen», antworte ich. «Luke eins, Luke zwei, dann können wir wieder nach Hause.»

«Nö, keine Lust», antwortet sie mit einem einzigen Blick. «Weißte, was ich mach? Ich steh jetzt einfach mal ein bisschen unschlüssig hier rum. Komm ich ja sonst nie dazu. Und an dem Grashalm da drüben, da wollte ich auch schon lange mal fünf Minuten sinnlos rumschnuppern. Nachts um drei hat man endlich mal Zeit für solche Sachen. Herrlich!»

Nach einer halben Stunde gebe ich ihr meistens eine kleine Bauchmassage, immer von der Schnauze in Richtung Ausgang. Nach einer Dreiviertelstunde überlege ich, ob ich sie nicht von vorne her aufrollen kann wie eine Zahnpastatube. Und nach einer Stunde pinkle *ich* dann an den Baum, und wir gehen wieder nach Hause.

Wäre auch kein Problem, gäbe es da nicht den nächsten Morgen. Denn genau dann, wenn man zum ersten Mal aufwacht, um dem eigenen Atem oder dem des Partners auszuweichen, wenn man dabei auf die Uhr schaut und sich denkt: «Mann, was'n Glück, dass ich heute ausschlafen kann», wenn man sich dann in die Decke mummelt und von einem kopfwehfreien Morgen träumt, dann heißt es: Auftritt Hund!

‹Auftritt nervös tippelnder Hund›, muss es vielleicht richtig heißen, denn was nachts unmöglich war, scheint jetzt unumgänglich. «Ich muss raus, ich muss pinkeln, und zwar sofort.»

Was dann zwischen Stefan und mir abläuft, nenne ich «Gassi-Mikado». Es ist ein Spiel für zwei Personen und einen Hund. Spieldauer: ca. 60 Minuten. Und es läuft ungefähr so:

9 Uhr: Hund betritt das Schlafzimmer. Beide Herrchen bemerken ihn, keiner reagiert. Ab jetzt gilt's. Gassi-Mikado! Wer sich zuerst bewegt, verliert.

9 Uhr 05: Wir liegen beide regungslos im Bett, atmen leise und gleichmäßig und täuschen zufriedenen, tiefen Schlaf vor. Der Hund stellt sich vor meine Seite des Bettes und versucht mich wachzustarren. Ich halte beide Augen fest geschlossen, lasse auch noch das Kinn ein bisschen nach unten sacken und fange leise an zu schnarchen.

9 Uhr 10: Bärbel läuft ums Bett herum und stellt sich vor Stefans Seite. Da auch er nicht reagiert, versucht sie es mit einem feuchten Gesichtsschnauber. Herrchen 2 bleibt eisern, lässt aber unmerklich eine Hand unter der Bettdecke her-

vorgleiten und versucht, den Hund zu mir zurückzuscheuchen. Dann dreht er sich zur Bettmitte.

9 Uhr 15: Noch bevor Bärbel meine Seite erreicht, drehe ich mich in Richtung Stefan. Er lunzt mich durch halb geöffnete Augen an. Ich lasse beide Augen zu und bewege die Augäpfel schnell von links nach rechts und zurück. REM-Phase!

9 Uhr 30: Da Bärbel uns nicht mehr anschauen und -schnauben kann, versucht sie es mit einer rituellen Fußleckung. Zentimeter für Zentimeter ziehen wir beide langsam die Füße unter die Decke.

9 Uhr 35: Bärbel verlässt das Schlafzimmer. Kurze Verschnaufpause.

9 Uhr 45: Rascheln im Nebenzimmer. Beide lauschen. Ich erkenne meine Chance. Langsam bewege ich mich, seufze ein wenig, richte mich ein bisschen auf, schaue möglichst verschlafen und sage: «Du, ich glaub, die Bärbel räumt grade deine Aktentasche aus!» Stefan tut nicht mal mehr so, als hätte er geschlafen. Er steht auf und verlässt das Zimmer. Gewonnen.

Echte Profis setzen übrigens noch einen drauf. Wenn Herrchen 2 an der Tür steht, fertig angezogen, mit der Leine in der Hand und den Kacktüten in der Tasche, wenn er gerade genervt den Hund ruft und zum Schlüssel greift, dann ist es Zeit, den Jackpot abzuräumen. Einfach indem man sagt: «Du, ich kann doch auch mit ihr rausgehen!»

Damit ist allerdings nicht nur das Spiel gelaufen, sondern meistens auch das Wochenende.

Wünsch dir was!

Bis vor kurzem gab es bei uns in der Straße eine Schlecker-Filiale. Anfangs standen zwei Mitarbeiterinnen im Laden und machten alles, was Schlecker-Verkäuferinnen halt so tun mussten: kassieren, einräumen, umetikettieren, Prospekte drucken, Ladendiebe überwältigen, Decke streichen, mit bloßen Händen Paletten ins Lager schleppen und Militärparaden für Anton Schleckers Geburtstag einstudieren. Das Übliche eben.

Irgendwann war es dann nur noch eine Verkäuferin. Das war etwas umständlich, weil die sich ab dann selbst an die Konzernzentrale verpfeifen musste, wenn sie mal länger als 30 Sekunden auf Toilette war. Aber auch das ging offensichtlich.

Doch dann kam Schlecker in die Krise, Filialen wurden geschlossen, und die in unserer Straße war eine der ersten.

Der Laden war also zu. Im Fenster hing ein großes «Zu vermieten»-Schild, und ab dann begann für mich eine herrliche Zeit. Ich liebe «Zu vermieten»-Schilder. Für mich heißen sie nichts anderes als «Wünsch dir was!». Jeden Tag ging ich an dem Laden vorbei und überlegte, was wohl Schönes da reinkommen könnte. Eine Kaffee-Bar? Ein Delikatessenladen? Ein Spezialgeschäft für reduzierte Apple-Produkte? Ein Spezialgeschäft für kostenlose Apple-Produkte? Oder, um einen weiteren Traum von mir zu erfüllen: ein fränkischer Imbiss mit Preßsack-Burger und Schäuferla to go? Alles schien möglich. So ein «Zu vermieten»-Schild im Fenster, das ist, wie wenn

man früher als Kind eine Etch-A-Sketch-Tafel mit einem ver-
murksten Bild einfach schüttelte, um dann noch mal neu an-
zufangen.

Meine Aufregung steigerte sich noch, als dann das Schild
verschwand und die Schaufenster mit Packpapier zugeklebt
wurden. Von da an hatte ich nur noch einen großen Wunsch:
Bitte kein REWE! Das ist in den letzten Jahren nämlich völlig
aus dem Ruder gelaufen. Wann immer ein Geschäft schloss,
machte dort wenige Wochen später ein REWE auf. Es gab eine
Zeit, da traute ich mich gar nicht mehr, meine Wohnung zu
verlassen, weil ich Angst hatte, dass sonst sofort REWE dort
einziehen würde. Ich sah ihn schon vor mir, den Marktleiter,
wie er vor meiner ehemaligen Wohnungstür stand, mich kess
anlächelte und sagte: «Haha, weggegangen, Platz vergangen!
Wir mussten hier die Versorgungslücke schließen, schauen
Sie sich doch mal um: Auf dem ganzen Stockwerk gab's noch
keinen einzigen REWE!»

Teilweise öffneten sogar REWE-Filialen gegenüber von
REWE-Filialen. Vermutlich für Menschen wie mich, die los-
ziehen, um Bananen zu kaufen, und dann mit allem anderen
aus dem Laden kommen, außer Bananen. Solche Leute haben
dann immerhin noch die Chance, in die zweite REWE-Filiale
zu gehen und dort die Bananen noch mal zu vergessen.

Zum Glück hatte die REWE-Manie sich in den letzten Monaten wieder ein bisschen gelegt. Was dann kam, war allerdings
eher *noch* schlimmer. Offensichtlich sagten sich die Kölner
Geschäftsleute: «So, die Grundversorgung ist gewährleistet –
ab jetzt eröffnen wir nur noch totalen Unsinn.»

Beispiel: der Bubble-Tea-Laden. Falls Sie Bubble-Tea nicht kennen: Stellen Sie sich ein extrem überzuckertes Tee-Mischgetränk vor, auf dessen Boden künstlich schmeckende Geleekugeln wabern. Das Ganze ist so süß und stückig, als hätte man ein Glücksbärchi püriert. Das Zeug wird mit einer Maschine, die aussieht wie aus Dr. Snuggles Geheimlabor, luftdicht verschweißt, und wenn man mit so einem Becher durch die Stadt läuft, erntet man Blicke, als hätte man atomaren Müll in der Hand. Man kann natürlich, wenn man ein kleines Event draus machen will, hektisch durch die Straßen rennen und schreien: «O mein Gott, o mein Gott – wo geht's hier nach Gorleben?» Aber, glauben Sie mir: Das funktioniert nur einmal.

Also, dachte ich mir, bitte kein REWE und keinen Bubble-Tea. Und wenn wir schon dabei sind: bitte auch kein Body-Forming-Studio. Auch die haben sich in den letzten Jahren vermehrt wie Schimmelpilze im WG-Kühlschrank: Überall lassen sich Menschen in Frischhaltefolie verpacken und an Elektrodrähte anschließen, schlüpfen in Neoprenanzüge und machen seltsame Bewegungen, setzen sich in Schwitzkabinen oder stellen sich auf vibrierende Platten, weil man sich, wie mir ein Kumpel erklärte, «damit den Sport sparen kann». Was diese Menschen scheinbar nicht wissen: Man kann sich den Sport auch auf andere Art sparen, zum Beispiel, indem man sich mit einer Flasche Bier in eine Kneipe stellt. Dünner wird man damit natürlich nicht, aber, so viel kann ich sagen: Mein Kumpel, der sich auf vibrierende Platten stellt, wurde es bisher auch nicht.

Über all das dachte ich nach, als ich eines Tages wieder an dem Laden vorbeikam. Plötzlich sah ich: Das Packpapier war weg.

Ich stand an der Schaufensterscheibe wie ein Kind vorm Weihnachtsbaum und las gespannt das Ladenschild: «Bleaching-Studio Köln».

Größer hätte meine Enttäuschung kaum sein können.

Ein Bleaching-Studio? Was wollt ihr denn bleichen? Wäsche? Braucht man dazu ein Studio? Eröffnen dann nebenan noch ein Weichspül-Salon und ein Schleuder-Séparée? Oder ist das Bleaching-Studio der Ausgleich zum Sonnenstudio nebenan? Für all die Jennifers und Chantals, die ein bisschen zu viel Zeit auf dem «Turbo-Tanner 8000» verbracht haben und sich jetzt wieder zur Mitteleuropäerin zurückbleichen wollen?

Oder reden wir hier etwa von *Anal Bleaching*? Davon hatte ich mal gehört, in Los Angeles ist das wohl der Renner, aber hier im Viertel? Hinter bodentiefen Schaufensterscheiben?

Während ich noch grübelte, entdeckte mich die Verkäuferin hinter der Theke. Sie strahlte mich freundlich an und zeigte dabei ihre Zähne: blendend weiße Hauer, die mich spontan die Augen zusammenkneifen ließen. So hell und weiß waren sie, dass ich überlegte, ob die Frau damit überhaupt nachts Auto fahren darf. Vielleicht hatte sie ja ein paar Abblend-Zähne zum Auswechseln. Ich lächelte zurück, die Verkäuferin schaute mir auf den Mund, nahm dann einen Flyer, trat aus dem Geschäft und drückte mir den Prospekt in die Hand. «Kommen Sie doch mal vorbei», sagte sie. «Wir können auch Ihnen helfen!»

Ich hörte sofort auf zu lächeln. *Auch* mir? «Auch» im Sinne von «sogar in so schweren Fällen wie»? Was für eine Unverschämtheit! Ich bin sehr zufrieden mit meinen Zähnen, mir muss niemand helfen! Nur weil ich damit keine Bundesligaspiele beleuchten kann, muss ich doch noch lange nicht in ein Bleaching-Studio.

Übellaunig schaute ich auf den Flyer in meiner Hand. «Wir bringen Sie wieder zum Lächeln!», stand da.

Na, da habt ihr aber was zu tun.

Das «Morgenmagazin»-Dilemma

Scheißtag oder Spitzentag – das entscheidet sich bei mir eigentlich immer morgens zwischen sechs und neun.

Stefan steht nämlich jeden Tag um halb sechs auf, um zur Arbeit zu fahren. Eine Uhrzeit, von der ich vor unserer Beziehung noch bestritten hätte, dass es sie überhaupt gibt. Jetzt wache ich aber oft mit ihm auf, und sobald er die Wohnungstür zuzieht, mache ich mir einen Kaffee und setze mich vor den Fernseher.

Und hier kommen wir an die spannende Weggabelung: links nach Scheißtag, rechts nach Spitzentag.

Richtung Spitzentag geht es immer dann, wenn die ARD das «Morgenmagazin» macht. Da schaut man in die fröhlichen Gesichter von Sven Lorig und Anna Planken. Der eine wirkt, als hätte er gestern Abend noch mit seinen Jungs auf dem Bolzplatz gekickt und nachher ein bis elf lustige Kölsch gezischt. Die andere sieht immer aus, als käme sie gerade aus der Dusche. Nein, eigentlich sieht sie so aus, als stünde sie noch unter der Dusche, würde nur einen Arm hinter dem Vorhang hervorstrecken und mit ihrer süßen Prinzessin-Lillifee-Stimme rufen: «Kannst du mir mal mein Body-Shop-Aprikosen-Shampoo geben?» Ja, ich liebe Anna Planken. Und wenn eine verheiratete Frau einen schwulen Mann morgens um sechs wuschig machen kann – das will schon was heißen. Anna Planken ist so süß, dass ein heterosexueller Freund von mir sich sogar einen Google Alert eingerichtet hat, mit den Stichworten «Anna Planken» und «Scheidung», nur um ja nie den richtigen Zeitpunkt zu verpassen.

Manchmal steht auch die etwas mütterliche Anne Geesthuysen da. Die passt zwar nicht so richtig ins Bild, stört aber auch nicht und lächelt immer gutmütig, als wollte sie sagen: «Ach, na ja, die jungen Leut', was soll man machen!»

Damit nicht alles nur harmonisch und putzig ist, hat die ARD noch einen Berlin-Korrespondenten, der einem schon morgens um sechs wohlige Schauer über den Rücken jagen kann: Werner Sonne. Mich erinnert er immer an den «Vollstrecker» aus Jürgen von der Lippes 80er-Jahre-Show «Donnerlippchen». Den hageren, weißhaarigen Mann mit dem Zylinder, der immer die Backen aufblies und sich die Arme um den Körper schlang, bevor er einen Kandidaten in einen Bottich mit Wasser fallen ließ. Werner Sonne versenkt keine wehrlosen Quizshow-Kandidaten, er versenkt Politiker. Ich habe eine Fotosammlung von Volksvertretern, während sie gerade von Werner Sonne interviewt werden. Direkt vom Fernseher mit meinem Handy abfotografiert. Die Gesichtsausdrücke gehen von unsicherem Grinsen (Niebel, Westerwelle, Kauder) bis zu blanker Angst mit Tendenz zum Wegrennen (Birgit Homburger).

Wenn Werner Sonne mal wieder sagt: «Na, jetzt wollen wir mal nicht um den heißen Brei herumreden» oder «Kommen Sie doch endlich mal zum Punkt!», möchte ich aufspringen und schreien: «Yes, zeig's ihm, Werner! Whaaaaaam!»

Für alle, denen das zu viel Aufregung am frühen Morgen ist, gibt es Werner Sonne auch noch in lieb. Das ist der ebenfalls weißhaarige Rechtsexperte Wolfgang Büser. Der beantwortet

Fragen von Zuschauern, und wenn man ihm so zuhört, könnte man meinen, in Deutschland kann eigentlich niemandem irgendwas Schlimmes passieren. Er sagt nämlich: «Nein, da müssen Sie gar nichts zahlen, die Kosten übernimmt Ihr Vermieter!» Oder: «Aber natürlich muss Ihnen Ihr Chef da eine Gehaltserhöhung geben!» Oder: «Na, klar bekommen Sie da eine Sofortrente von 5000 Euro!» Ich bin mir manchmal nicht sicher, ob ich in derselben Welt lebe wie Wolfgang Büser, aber ich würde es auf jeden Fall gerne.

Irgendwann ist das «Morgenmagazin» zu Ende. Dann sitzen alle Moderatoren auf dem Sofa, lachen und sagen zum Beispiel: «Hui, na ja, also ich hätte ja auch gerne mal einen eigenen Butler wie die Kate Middleton», um die Zeit bis zur «Tagesschau» totzuschlagen. Und ich möchte mich am liebsten in Boxershort und Schlaf-T-Shirt neben sie setzen, mitlachen, sagen: «Ja, haha, ich auch!», und ab und zu an Anna Planken schnuppern. Das sind Spitzentage.

Leider hat die Abzweigung nach Spitzentag nur jede zweite Woche geöffnet. In den anderen Wochen kommt das «Morgenmagazin» vom ZDF.

Das wird in Berlin aufgezeichnet, ist irgendwie hellblau und orange und beißt in den Augen. Nicht wegen der Farben, eher wegen der Moderatoren. Da arbeitet zum Beispiel Wulf Schmiese. Den muss man nicht beschreiben. Machen Sie einfach mal die Augen zu und stellen Sie sich jemanden vor, der «Wulf Schmiese» heißt, mit langgezogenem «Schmiiiieeee». Haben Sie's? Genau so sieht der aus.

Dunja Hayali dagegen wirkt mit ihrer kessen Stachelfrisur ein bisschen, als hätte sie eine Dornenkrone auf dem Kopf. Oft schaut sie auch so, und das kann man ihr nicht übelnehmen, denn neben ihr steht Cherno Jobatey. Den kennt man ja. Ich glaube, er hat außer dem «Wort zum Sonntag» schon jede öffentlich-rechtliche Sendung irgendwann mal moderiert. Mittlerweile ist er beim «Morgenmagazin» und beweist dort, dass gute Laune nicht von dem Thema abhängen muss, über das man gerade spricht. Terror in Afghanistan? «Ui, ui, na ja, da geht's aber zu!» Dabei überschlägt sich seine Stimme wie bei einem Teenager, er wackelt lustig mit dem Kopf, und ich kralle meine Finger immer fester ins Sofakissen.

Aber um auch mal was Positives zu sagen: Aufs Wetter im ZDF-«Morgenmagazin» kann man sich verlassen. Wenn Sie mal eine zuverlässige Wettervorhersage brauchen, halten Sie sich einfach an folgende Regel: Was Ben Wettervogel sagt, stimmt nie. Es ist nur leider schwierig, herauszufinden, was Ben Wettervogel überhaupt sagt. Meistens steht er nämlich verstrubbelt und verwirrt vor der Wetterkarte, deutet irgendwohin und sagt: «So, liebe Zuschauer, wie Sie sehen, ist hier oben … und da unten … Und diese Umrisse da, das soll wohl Deutschland sein, aber ganz sicher bin ich mir nicht.»
Und wenn meine Fingernägel dann schon ganz tief in der Kissenfüllung stecken, kommt noch das Spiel «Richtig oder falsch?». Da können Zuschauer bei einer 0137er-Nummer anrufen und sehen derweil einen Film mit einer unglaublichen Geschichte. Nach dem Film legt dann Kieksestimmchen Jobatey das Köpfchen schief und fragt: «Naaaa, Helmut und Sonja, was meinen Sie? Russische Obstbauern, die aus Babykatzen Dieselkraftstoff herstellen? Da würde ich jetzt aber zu gerne mal wissen, ist das denn richtig oder falsch?»
Dunja Hayali, die bemitleidenswerte Dornengekrönte, sitzt daneben, hebt unter immensen Anstrengungen ihre Mundwin-

kel zu einem Lächeln, richtet die Augen fast unmerklich nach oben, und man sieht genau, was sie sich in dem Moment denkt: «Mein Gott, mein Gott, warum hast du mich verlassen?»

An einem dieser Morgen rief mich Stefan an und sagte: «Ich bin jetzt im Büro! Alles gut bei dir?»

«Tassen!», brüllte ich in den Hörer.

«Wie bitte?», fragte Stefan.

«Der Depp verlost Tassen! Billige Drecks-‹Morgenmagazin›-Tassen! Und glaubt auch noch, dass ich dafür anrufe und ‹richtig› oder ‹falsch› sage!»

In der Leitung war es kurz still. Dann stöhnte Stefan: «Ist heute wieder das ZDF dran?»

Ich wackelte mit dem Kopf hin und her und ließ meine Stimme überschlagen. «Naaa, das würde ich jetzt aber auch gerne mal wissen. Cherno Jobatey morgens um acht auf die Menschheit loslassen – ist das denn richtig oder falsch?»

Ich hörte Stefan seufzen: «Markus, mach den Fernseher aus. Und mach ihn frühestens um neun wieder an. Da kocht Armin Rossmeier bei ‹Volle Kanne›. Kochsendungen magst du doch.»

«Armin Rossmeier!», brüllte ich zurück. «Dieser … dieser wasserstoffblondierte Mecki auf Speed! Der kocht dann wieder gefüllte Pfannkuchenröllchen, mit Béchamel-Sauce und Käse überbacken. Und wenn mir so richtig das Wasser im Mund zusammenläuft, *dann* erzählt er mir, wie viel Kalorien das hat! Armin Rossmeier ist ein Sadist!»

Stefan seufzte noch einmal. «Sorry, mein Fehler. Dann guck doch einfach Sat.1.»

Ich schaltete um und musste sofort die Augen zusammenkneifen, so grell war die Deko des Sat.1-»Frühstücksfernsehens». Zwei überdrehte Moderatoren saßen auf der Couch, kraulten einen sabbernden Hund, und einer sagte: «Na, da schauen Sie sich mal unser Lückenrätsel an und sagen Sie uns, welchen Gegenstand wir suchen!»

Am unteren Bildrand stand «W A _ S E R F L A S C H E».

Dann doch lieber Cherno Jobatey.

Mein Fasten-Tagebuch

Wie ging eigentlich die Geschichte von Prahlad Jani aus? Das war dieser indische Asket, der sich seit 70 Jahren angeblich nur von Meditation und Licht ernährte. Die Sache war 2010 in allen Medien, man sah Bilder des alten Yogi, wie er ausgemergelt, aber gut gelaunt auf einer Krankenhausspritsche lag und wirkte, als müsste man ihn mit Sandsäcken beschweren, damit er nicht abhebt. Quasi eine indische Version des SPD-Gesundheitsexperten Karl Lauterbach, nur mit Blütenkette statt Fliege und insgesamt einer deutlich lebensbejahenderen Ausstrahlung. Indische Ärzte verkündeten damals vor laufender Kamera, dass man tatsächlich keine Verdauungstätigkeit bei Prahlad Jani feststellen könne und es sich schlicht und ergreifend um eine medizinische Sensation handle. Man muss allerdings dazusagen, dass diese Ärzte in etwa so vertrauenswürdig und professionell aussahen wie Sascha Hehn im «Schwarzwaldklinik»-Kittel: Alle grinsten begeistert in die Kamera, ständig schoben sich weitere «Ärzte» von hinten ins Bild, und eigentlich wartete man nur darauf, dass der Wortführer zum Schluss fragt, ob er noch jemanden grüßen darf.

Irgendwann verschwand die Geschichte wieder aus den Medien. Nennen Sie mich einen phantasielosen Skeptiker, aber ich würde mal darauf tippen, dass Prahlad Jani mittlerweile sehr wohl wieder etwas gegessen hat. Und bestimmt nicht nur ein Meditations-Schnitzel mit Licht-Pommes.

Askese an sich macht mich einfach misstrauisch. «Heilfasten», zum Beispiel. Das klingt für mich ungefähr so sinnvoll wie «Gesundprügeln». Die Idee, dass man glücklicher und gesünder wird, wenn man sich möglichst viele Dinge verbietet, widerspricht meiner Ansicht nach unserer Natur. Vermutlich liegt diese Einstellung in meiner Herkunft begründet. Der Franke an sich verzichtet nicht gerne. Bei uns zu Hause gilt zum Beispiel eine Hochzeitsfeier erst dann als gelungen, wenn die Brautleute von den überschüssigen Lebensmitteln bis zur goldenen Hochzeit weiterleben können. Selbst die Kirche ist bei uns im Süden nicht gerade ein leuchtendes Beispiel für Verzicht. Fastenzeit heißt bei bayerischen Katholiken eigentlich nur: «Okay, wir essen kein Fleisch, dafür Fisch, weil das ist ja was *völlig* anderes. Und wir brauen noch stärkeres Bier als sonst, an der Himmelstür hängt schließlich kein Alkomat!» Dass die Kirche darüber nicht selbst lachen muss, finde ich die größte Fastenleistung von allen.

Allerdings wohne ich jetzt ja in Köln, und da gibt es den Karneval. Der ist für den menschlichen Körper in etwa das, was die Deep Water Horizon für den Golf von Mexiko war. Nur dass die Kölner Öl- bzw. Kölsch-Plattform jedes Jahr aufs Neue explodiert. Nach sechs Tagen, an denen man sich hauptsächlich von Bier, Pommes und Zigarettenqualm ernährt hat, verspüre selbst ich gelegentlich das Bedürfnis, meinem Körper etwas Gutes tun zu müssen. Also beschloss ich dieses Jahr, die Fastenzeit knallhart durchzuziehen. Und da ich gelesen habe, dass das viel einfacher ist, wenn man dabei ein Fasten-Tagebuch führt, habe ich das mal ausprobiert.

Tag 1, Aschermittwoch: Bäh! Mein Gott, ekelt mich das alles an! Karneval, bleib mir weg! Ich trinke nie wieder Bier! Und wenn wir schon dabei sind, ich esse auch kein Fleisch mehr, keine Süßigkeiten und keine Chips! Jawohl, das ist mein Vorsatz. Und jetzt, wo ich ihn gefasst habe, fühle ich schon, wie es mir bessergeht. Ich merke direkt, wie mein Säure-Basen-Haushalt sich ausgleicht. Willkommen, Fastenzeit – ich zieh das gnadenlos durch!

Tag 2: Okay, Fleisch ist wieder erlaubt. Man muss es ja auch nicht völlig übertreiben. Ich habe heute gelesen: Je mehr man sich vornimmt bei der ganzen Fasterei, umso größer ist die Gefahr, dass man *gar* nichts davon schafft. Da konzentriere ich mich doch lieber auf Schokolade, Chips und Alkohol, *die* sind nämlich wirklich schlecht für mich. So ein bisschen Fleisch dagegen hat noch niemandem geschadet.

Tag 3: Die Sache ist: Ich bin ja nicht zu dick. Warum sollte ich also auf Chips und Süßigkeiten verzichten? Es reicht doch total, wenn ich den Alkohol weglasse. Alkohol, *das* ist der Teufel. *Den* sollte ich mir wirklich verkneifen! Heute zum Beispiel bin ich auf einen Geburtstag eingeladen und habe schon im Vorfeld angekündigt, dass ich keinen Tropfen trinken werde. *Das* ist wahre Stärke.

Tag 3 (sehr spät nachts): Olééé! Oléééé! Fasten am Arsch! ...
Nich lang schnacken, Kopf in'n Nacken! ...
Doofes Tagebuch! Keiner kann dich leiiiiiiiiideeeeeen!!!!

Tja.

Danach habe ich das Projekt Fastenzeit beendet.

Besonders stolz bin ich nicht darauf. Um mein Selbstwertgefühl wieder ein bisschen anzuheben, habe ich gerade noch einmal recherchiert: Prahlad Jani wurde tatsächlich 2010 zwei Wochen lang eingehend untersucht, und angeblich hat er in dieser Zeit weder Nahrung noch Wasser zu sich genommen. Die Untersuchung ist aber unter Wissenschaftlern ein bisschen umstritten. Unter anderem deshalb, weil Herr Jani während dieser zwei Wochen jederzeit die Möglichkeit hatte, unbeobachtet das Krankenhauszimmer zu verlassen.

Klingt für mich in der Tat nach einem guten Grund für vorsichtige Zweifel.

In Polen töten sie Hunde

Es war mal wieder so ein echter Kölner Morgen. So ein milchig grauer Novembermorgen im Mai, Regen perlte an weiß gekachelten Häuserfassaden ab, und der Himmel sah aus, als hätte die Sonne sich gedacht: «Also, dieses flächendeckende Bescheinen, das wird mir zu viel. Ich lass ab jetzt Köln aus.» Ich hatte gerade mit Bärbel eine Runde durch knöcheltiefen Matsch gedreht, war beim Auflesen ihres Kothaufens in einen anderen Kothaufen getreten und hatte anschließend einen offenbar nicht besonders leckeren, dafür umso kreativer entsorgten Döner aus meinem Briefkasten gefischt. Mein persönliches Happiness-Barometer hielt sich stabil im Kurt-Cobain-Bereich.

So saß ich dann an meinem Rechner und starrte durchs Fenster: Köln 2012 vor Augen, Dresden '45 im Kopf. Angestrengt überlegte ich, wie ich mich ein bisschen aufheitern könnte. Kaffee kochen? Schlechte Idee. Am Abend zuvor hatte ich eine Reportage über die Machenschaften der Kaffeeindustrie gesehen, und so, wie ich gelaunt war, hätte bestimmt sofort mein Ökogewissen angeschlagen. Dann hätte ich mir vorgestellt, dass für meine Tasse Kaffee bitterarme kolumbianische Kleinbauern mit bloßen Fingern Kaffeebohnen einzeln über brennenden Autoreifen rösten müssen … Nee, das hebt die Laune nicht wirklich.

Ein Müsli machen? Auch nicht. Knuspermüsli war aus. Und normales Müsli esse ich nicht, weil ich mir Mahlzeiten, die man nicht kauen muss, lieber für die Zeit nach meinem 70. Geburtstag aufspare.

Dann kam es mir. «Och, schau doch mal wieder bei Facebook vorbei!», dachte ich und tippte sofort die Adresse in meinen Browser. «Bisschen mit Freunden chatten, über ein paar Schnappschüsse lachen, ein paar Essensbilder von Kollegen bewundern, da machste nix falsch. Dazu gibt es doch dieses freundliche Gute-Laune-Netzwerk, damit man an Tagen wie diesen mit Menschen, die man mag, in Verbindung tr…

«**Michael H.:** In Polen töten sie Hunde!!!»

Das war die erste Statusmeldung die ich las, kaum hatte ich auf «Anmelden» geklickt. Daneben ein gruseliges Bild von misshandelten Hunden. Es sah wirklich schlimm aus, allerdings waren die Farben so überdreht, dass ich sofort an die 90er-Jahre-Ekelreportagen aus der «Coupé» denken musste («Tschechische Killergurke beißt Rentner!»). Ich las weiter:

«Wegen der EM 2012 werden in Polen und der Ukraine massenhaft Straßenhunde getötet! Boykottiert die EM!»

Okay, dachte ich, das mit der Aufheiterung hatte ich mir irgendwie anders vorgestellt. Killergurken sind jedenfalls lustiger. Aber klar, das ist natürlich echt schlimm mit den Hunden in Polen. Ich merke mir das und werde die EM auf jeden Fall boykottieren. Als Nicht-Fußball-Fan sollte das zu schaffen sein. Aber jetzt will ich etwas Schönes lesen, okay? Was ist denn zum Beispiel dieses Foto hier …

«**Jochen R.:** Blick aus meinem Hotelfenster in Halle an der Saale.»

Leute, was SCHÖNES!!!

«**Silke W.:** Der Nächste, der mich anstupst, fliegt!!!»

Silke, welchen Teil von «was Schönes» hast du denn nicht verstanden? Und überhaupt, dachte ich, gab's irgendwo Ausrufezeichen umsonst? Oder schlechte Laune? Hatten noch mehr Menschen Döner im Briefkasten? Ich will was Fröhliches lesen!

«**Sabine R.:** Leutz, nehmt's mir nicht übel, aber ich dünne jetzt mal meine Freundesliste aus. Also alle, die ich eigentlich nicht kenne, werden gelöscht. Sorry, Greetz, Sabine.»

Okay, das ist immerhin nur so halb unfreundlich, dachte ich. Und Menschen, die «Sorry», «Leutz» und «Greetz» schreiben, dürfen mich sowieso immer gerne und ohne weiteren Hinweis aus ihrer Freundesliste löschen. Ich wollte Sabine schon ein «Wer bist'n du?» zurückschreiben, nur um sicherzugehen, dass sie mich auch tatsächlich entfernt. Aber eigentlich war ich ja hier, um gute Laune zu bekommen. Also weiterscrollen. Endlich entdeckte ich eines der vertrauten Mittagessensfotos:

«**Mark S.:** Kantinenessen gestern Mittag!»

Na also, dachte ich, das sieht doch freundlich aus. Ich betrachtete das Bild, ein harmloses Wiener Schnitzel, dann klickte ich auf die Kommentare.

«VOLL DER EKEL-FRASS!!!»

Es gab wohl nicht nur Ausrufezeichen und schlechte Laune im Angebot, sondern auch Großbuchstaben. Was ist denn los?, dachte ich, ist Facebook nur noch eine Online-Fensterbank, auf der früh vergreiste Internetnutzer ihr Kissen ausbreiten, um digitale Falschparker anzukacken?

Da erschien eine Nachricht am oberen Bildschirmrand: «1 neue Meldung». Voller Hoffnung klickte ich auf den Link.

«Thomas F.: Tchibo unterdrückt Kaffeebauern!»

Wie gut, dass ich mir vorhin keinen Kaffee gekocht hatte. Doch dann las ich weiter:

«Und in Polen töten sie Hunde!»

Jetzt ist aber gut, dachte ich, ich hab's ja verstanden! In Polen töten sie Hunde, aber seht's doch mal positiv: Wenigstens werden die Hunde nicht angestupst!

Mein Happiness-Barometer senkte sich von Kurt Cobain in Richtung Elvis '77. Ich konnte aber nicht aufhören.

«Corinna H.: ICH WILL DAS ALTE FACEBOOK-DESIGN ZURÜCK!!! UND EINEN ‹GEFÄLLT MIR NICHT›-BUTTON! UND DER NÄCHSTE, DER MIR EINE FARMVILLE-EINLADUNG SCHICKT, STIRBT!!!»

Jawohl, du hast ja recht, dachte ich, die Welt ist schlecht und Facebook am schlechtesten! Aufhängen sollte man sie, die Farmville-Einladungs-Verschicker! Aufhängen und währenddessen noch anstupsen! Und bevor sie die Augen für immer schließen, sollte man noch Napalm über ihren Farmville-Grundstücken ausbringen! Und der «Gefällt mir nicht»-Button ist überfällig, scheiß auf Hungersnöte und Klimawandel, erfindet erst mal einen «Gefällt mir nicht»-Button, dann kümmern wir uns um eure Pillepalle-Probleme! Und ich will *auch* das alte Facebook-Design zurück, das von letzter Woche oder das von vorletzter Woche, egal, Hauptsache alt! Der Zuckerberg, dieser badebeschlappte Facebook-Spacko, der ändert die Designs ja mit jedem verdammten Atemzug, ich habe da keinen Bock mehr drauf! Der sollte mal lieber in Kolumbien Kaffee anbauen, damit er mal weiß, was echte Arbeit ist! Ach, was sage ich: Man sollte ihn in einem Hundekostüm nach Polen schleppen, und dann …

«Vera L: Guten Morgen in die Runde! Wünsche euch allen einen tollen Tag!!!»

Ach, halt doch die Fresse.

Das iPad-Menetekel

Ich bin der vielleicht unkritischste Apple-Kunde der Welt. Nichts, worauf man stolz zu sein braucht, ich weiß, dass es jedes Produkt von anderen Anbietern günstiger gibt – und besser und effizienter und blablabla. Aber dann stehe ich wieder in einem Apple-Laden, ein freundlicher Verkäufer drückt mir ein wunderschönes Gerät mit einem leuchtenden Apfel in die Hand, und ich denke mir: «Jaja, schon klar, dass ihr mich im Grunde übern Leisten zieht, aber wisst ihr was? Das ist mir scheißegal! Und falls ihr noch ein Laminiergerät, einen Eierkocher und einen Grünschnitt-Häcksler mit Apfel drauf habt, dann nehme ich die auch.»

Wenigstens gegen das iPad habe ich mich heftig gewehrt. Denn als Steve Jobs damals auf der Pressekonferenz sagte: «Das iPad schließt endlich die Lücke zwischen iPhone und Laptop», musste sogar ich lachen. «Da war 'ne Lücke?», dachte ich. «Haha, Steve, da ist doch keine Lücke! Die hast du doch gerade selbst erfunden!»

Natürlich ist genau das die Genialität von Apple: Bedürfnisse erfinden. Steve Jobs war sozusagen der erfolgreichste Lücken-Erfinder der Welt. Und er machte es immerhin nicht so plump wie zum Beispiel die Deutsche Post, die mit ihrem *E-Postbrief* auf eine sehr putzige, aber auch ziemlich erbärmliche Weise versuchte, an der E-Mailerei mitzuverdienen. («Gute Nachrichten! Sie können für bisher kostenlose E-Mails ab jetzt richtig viel Geld bezahlen!» – Dass diese Kampagne nicht so richtig funktioniert hat, kann auch nur die Deutsche Post verwundern.)

Mit dem iPad hatte mich Apple einfach nicht überzeugt. Für mich war klar: Das brauche ich nicht, das ist etwas für Hamburger Werbe-Heinis, die in ihren Bürotaschen aus recycelten Feuerwehrschläuchen noch ein Fach frei haben. Leider hat sich dann Meike, meine Bürokollegin, das iPad 2 angeschafft. Und jetzt mal ehrlich: Wie soll man denn standhaft bleiben, wenn einem ständig jemand gegenübersitzt, der bei «Fruit Ninja» Melonen zerschneidet, bis ihm die Augen tränen?

Da ich zu dem Zeitpunkt aber schon in meinem gesamten Freundeskreis herumgeplärrt hatte, dass *kein* Mensch ein iPad braucht, konnte ich es mir natürlich nicht einfach so kaufen. Ich schleppte also Stefan mit in den Laden, in der Hoffnung, er würde mich, nachdem ich ihm die neuen Features erklärt hatte, zum Kauf überreden.

«Guck mal», begann ich, «das ist jetzt noch dünner!»

«Wenn du's nicht brauchst, ist es doch egal, wie dünn es ist, oder?», antwortete er.

«Aber … man kann damit Videokonferenzen führen.»

«So wie mit deinem iPhone, deinem MacBook und deinem iMac?»

«Und es hat einen nach hinten klappbaren Metalldeckel.»

«Hat ein Joghurtbecher auch.»

«Der Joghurtbecherdeckel macht dabei aber nicht so schön ‹klick-klapperdiklapp›.»

Stefan seufzte. «Du willst dir für 600 Euro ein Gerät kaufen, das du nicht brauchst, weil es dünner ist als der Vorgänger, den du auch nicht gebraucht hast, und weil es ‹klick-klapperdiklapp› macht?»

Auf ihn war an diesem Tag einfach kein Verlass. Ich musste mich entscheiden: Wollte ich wirklich vor mir selbst einknicken? Wollte ich mich zum Gespött meines gesamten Freundeskreises machen? Nur damit ich mit einem virtuellen Ninja-Schwert Melonen, Kiwis und Granatäpfel schreddern konnte?

Fünf Minuten später besaß ich also ein iPad. Und anfangs lief auch alles wunderbar. Aber jetzt kommt's: Seit Steve Jobs tot ist, funktioniert das Ding nicht mehr richtig. Ich weiß, das klingt verrückt, aber es ist die Wahrheit.

Seit Oktober 2011 stürzen plötzlich Programme ab, ich bekomme Fehlermeldungen, die wie eine schlechte Parodie von Windows-Warnungen klingen, und ab und zu schaltet sich das Gerät einfach von selbst aus.

Meike meinte dazu, Steve Jobs habe das gute Karma seiner Geräte wahrscheinlich mit ins Grab genommen, um im Himmel eine neue Firma zu eröffnen, mit iManna, iHarfen und iWolken.

Was man halt so sagt, nach der 18. Runde «Fruit Ninja».

Außerdem kann ich den 13. März 2013 nicht mehr in meinem Kalender öffnen. Das hat laut Meike allerdings nichts mit Steve Jobs zu tun, sondern kann auch etwas völlig anderes bedeuten, zum Beispiel, dass ich mir an diesem Tag besser nichts vornehme.

«Warum soll ich mir denn da nichts vornehmen?», fragte ich.

«Na ja», sagte sie und schaute mich mit ihren vom vielen Spielen blutunterlaufenen Augen an. «Es kann einem ja immer mal was passieren, oder so!»

Ich denke, wir sind uns einig: Das ist alberner Aberglaube.

Deshalb meine Frage: Gibt es unter meinen Lesern vielleicht einen Technik-Freak, der mir diese Phänomene sachlich erklären kann?

Und wenn nicht – könnte dann bitte jemand am 13. März 2013 mal kurz bei mir anrufen und mich dran erinnern, dass ich meinen Fahrradhelm aufsetze?

Den ganzen Tag?

Auch zu Hause?

Besten Dank.

Katja und Tom und James

Neulich war ich auf einem James-Morrison-Konzert im Kölner E-Werk. Der Laden war bumsvoll, direkt neben mir stand ein junges Pärchen, Katja und Tom, und da es so eng war und wir so nah beieinanderstanden, konnte ich die Gedanken der beiden hören. Jaja, das glaubt jetzt wieder keiner, ich weiß, aber es war so. Jeden einzelnen Gedanken konnte ich hören. Und ich habe sogar mitgeschrieben.

20 Uhr: *(Eine schwarze Sängerin betritt die Bühne.)*
Katja denkt: «Ach nee, 'ne Vorband? Ich will James Morrison sehen!»
Tom denkt: «Ich dachte, der ist weiß!»

21 Uhr: *(Die Vorband verlässt die Bühne. James Morrison tritt auf. Katja seufzt.)*
Tom denkt: «Dat isser? Warum steht die denn auf den? Der sieht doch gar nicht aus wie ich!»

21 Uhr 18: *(James spielt «In my Dreams».)*
Katja sagt: «Das ist auf der CD, die ich dir gebrannt habe!»
Tom lächelt und sagt: «Stimmt!»
Tom denkt: «Scheiße, wo hab ich die CD hin?»

21 Uhr 30: *(James singt «Please don't stop the rain» im Duett mit einer ausgesprochen pornösen Background-Sängerin.)*

Tom denkt: «Babyyyyy!!! Jetzt wird's interessant.»

Katja dreht sich zu Tom und sagt: «Schlimm die Alte, oder?»

Tom sagt: «Total schlimm.»

21 Uhr 38: *(James singt «The Awakening».)*

Katja sagt: «Das ist auch auf der CD!»

Tom nickt und sagt: «Mein Lieblingsstück!»

Tom denkt: «Scheiße, wo ist die CD?»

21 Uhr 45: *(James wirft sein verschwitztes Handtuch in die Menge. Katja versucht es zu fangen.)*

Tom denkt: «Ha! Das müsst ich mal machen, wenn ich vom Sport nach Hause komme!»

22 Uhr: *(James singt «Beautiful Life».)*

Tom denkt: «An meinem Innenspiegel! Verdammt, ich hab die CD an meinen Innenspiegel gehängt, um Radarblitzer abzuwehren. Und nicht mal da hat sie was gebracht ...»

22 Uhr 15: *(Tom schiebt Katja vorsichtig vor sich.)*

Katja denkt: «Hihi, er will mit mir kuscheln.»

Tom denkt: «Wenn sie vor mir steht, kann ich vielleicht ein bisschen Sportbild aufm iPhone lesen.»

22 Uhr 20: *(Katja dreht sich zu Tom.)*

Katja denkt: «Ach, süß, er lächelt. Ich glaub, dem alten Brummbär gefällt's doch!»

Tom denkt: «Gewonnen! Schalke hat gewonnen!»

22 Uhr 37: *(James stimmt «Up» an.)*

Tom sagt: «Das klingt voll nach dem Lied, das ich mal für dich geschrieben habe ...»

Katja sagt: «Stimmt!»

Katja denkt: «Nur dass es mehr als einen Akkord hat!»

Tom sagt: «Wie ging das noch? ... ‹You are my Champions League!›, genau! Hab ich dir doch sogar auf CD aufgenommen!»

Katja denkt: «Scheiße, wo hab ich die CD hin?»

22 Uhr 50: *(Das letzte Lied verklingt, James verbeugt sich.)*

Katja sagt: «Was hat dir denn am besten gefallen?»

Tom denkt: «Sicherheitsantwort, Alter, Sicherheitsantwort!»

Tom sagt: «Du!»

Katja lächelt.

Tom denkt: «Boah, hab ich heut einen gut! Nix wie nach Hause. Aber eine Frage hätte ich noch: Warum grinst der kleine Glatzkopf mit dem Notizblock neben mir eigentlich die ganze Zeit?»

Sanitär-Magie

Dyson Airblade. Entschuldigung, aber ich muss mir diesen Namen einfach noch mal auf der Tastatur zergehen lassen: Dyson Airblade. Was für eine Jahrhunderterfindung! Bisher dachte ich, Dyson macht nur Staubsauger, die aussehen wie Transformers, und Werbespots, die klingen wie Chris Howland beim Bäcker. Aber dann sah ich zum ersten Mal in einer Restauranttoilette einen Dyson Airblade, und seitdem bin ich verliebt. Im Grunde ist es nur ein Handtrockner. Aber wer einen Dyson Airblade «Handtrockner» nennt, der sagt wahrscheinlich zu einem Lamborghini auch «Personenkraftwagen». Der Airblade ist mehr, viel mehr. Er ist pure Sanitär-Magie: Man bewegt die Hände in einem senkrechten Schlitz auf und ab, ein Gebläse setzt ein und streift das Wasser von der Haut. Dass die Hände dabei nicht auch noch die Farbe wechseln oder verschwinden oder ein weißer Tiger aus dem Schlitz springt, hat mich beim ersten Mal fast überrascht.

Natürlich könnte man zum Händetrocknen auch einfach ein Handtuch benutzen. Aber Handtücher in öffentlichen Toiletten sind so verlockend wie Teppichboden im Schwimmbad. Außerdem hat der Airblade einen ganz entscheidenden Vorteil: Er macht nicht nur trocken, er macht auch noch einen Höllenlärm. Rein akustisch ist das, als würde man seine nassen Hände hinter einen startenden Airbus halten. Und machen wir uns nichts vor: Wir lieben Lärm. Wir Männer zumindest. Autos, Rasenmäher, Bohrmaschinen – Nur was wummst, taugt.

Beim Händetrocknen ist der Geräuschpegel besonders wichtig. Denn viele von uns waschen sich nur dann die Hände, wenn das Abtrocknen ein *Event* ist! Und zwar ein befriedigendes Event, nicht so ein frustrierendes, nervtötendes wie mit den labbrigen Papierhandtüchern, bei denen man eines zieht und dann den halben Stapel in der Hand, die andere Hälfte auf dem Schuh und ein paar nasse Fetzen am Ellbogen hat. Nein, Spaß soll es machen, und laut soll es sein. Eben wie beim Dyson Airblade. Männer sehen dieses Gerät und denken: «Es ist neu, es ist groß, es ist laut – ich möchte es benutzen!» Wir halten die Hände in den Schlitz und schauen dabei wie ein Kleinkind, das zum ersten Mal den eckigen Klotz in das eckige Loch gesteckt hat. Dann lauschen wir diesem wunderbaren, brummigen «Nööööööön!», das aus dem Gehäuse ertönt, lächeln zufrieden die umstehenden Toilettengäste an und denken uns: «Das hab ich gemacht! Diesen Lärm hab ganz allein ich gemacht!»

So wollen wir das!

Bei Sanifair gibt es übrigens keine Airblades. Klar, das wäre ja viel zu laut. Sanifair ist die Wellnessoase unter den Verrichtungsanstalten. Ich spreche von diesen grün-blauen Erlebnislandschaften am Rand der Autobahn, mit Vogelgezwitscher, Raumspray-Zerstäuber und Toilettenmännern, die einem vor dem Pinkeln noch einen Blütenkranz flechten. Da würde ein Dyson Airblade natürlich stören. Bei Sanifair hält man die Hände nach dem Waschen vermutlich vor einen Kolibrikäfig und lässt sie per Flügelschlag trockenwedeln. Ein Grund mehr, sich an Autobahnraststätten nur noch ins Gebüsch zu erleichtern.

Aber überall sonst setzt der Airblade seinen Siegeszug unaufhaltsam fort. Im Internet habe ich gelesen, dass der Airblade so erfolgreich ist, dass ihn nun schon die Chinesen kopieren. Den würde ich gerne mal sehen, den chinesischen Airblade. Zu offensichtlich dürfen sie es ja nicht kopieren, sonst verklagt Dyson sie sofort. Ich schätze, sie haben die Sache aufs Wesentliche reduziert. Der chinesische Airblade, das ist vermutlich ein kleiner asiatischer Herr, der am Ausgang der Toilette sitzt, allen Kunden die Hände trockenrubbelt und dabei ganz laut «Nöööööööööööön!» brüllt.

Ja, so wird's sein.

Diese gewieften Chinesen!

Judgement Day

Ich habe kürzlich geträumt, ich wäre Gott begegnet, und das war ein sehr verwirrendes Erlebnis. Plötzlich stand ich nämlich in einem Raum, der ein bisschen an eine Hotellobby erinnerte. Hinter einer langen Theke stand Gott, schaute mich freundlich an und sagte: «Herzlich willkommen, Markus!»

«Was ist passiert?», fragte ich.

«Du bist tot», antwortete Gott, für meinen Geschmack ein bisschen zu sachlich.

«Und … wo bin ich jetzt? Im Himmel? In der Hölle?», fragte ich verwirrt.

«Na ja, also ich bin Gott. Jetzt darfste *einmal* raten.»

«Cool», sagte ich und schaute mich um. «Ich bin im Himmel!»

«Freut mich, wenn du dich freust. Andererseits: Es gibt keine Hölle. Insofern standen deine Chancen ziemlich gut.»

Ich nickte. «Und was passiert jetzt?»

«Jetzt gehst du hier durch diese Tür und suchst deine Wolke. Quadrat U4, Nummer 9449.»

«Quadrat?», fragte ich. «Der Himmel ist in Quadrate aufgeteilt? Wie Mannheim?»

Gott nickte. «Ja. Freu mich schon seit Jahren auf das Gesicht von Xavier Naidoo, wenn er hier raufkommt.»

Ich wurde nachdenklich. «Und was ist eigentlich mit dem Jüngsten Gericht und so?»

«Gibt's nicht», sagte Gott, und es war deutlich, dass er die Frage schon ein paar Mal gehört hatte.

«Da werden aber einige Leute ganz schön enttäuscht sein!», sagte ich.

Gott seufzte. «Ich weiß. Ich hatte auch schon überlegt, ob ich hier so 'nen kleinen Gerichtssaal aufbaue, ein paar Nebelmaschinen links und rechts hinstelle, dramatisches Licht auffahre und dann so mit runtergepitchter Stimme sage ...» Er stemmte seine Hände auf die Theke, machte sich einen halben Meter größer und donnerte mit sehr tiefer Stimme: «TRITT VOR DEINEN SCHÖPFER!!!»

Mir lief sofort ein Schauer über den Rücken. Doch Gott schrumpfte wieder auf Normalgröße und schüttelte den Kopf.

«Aber dann dachte ich mir: Warum soll ich hier so 'nen Komödienstadl veranstalten, nur weil ihr euch da unten was zurechtphantasiert? Ich bin schließlich Gott, ich bestimme, wo der Hase lang läuft!»

Ich nickte. Für kurze Zeit sagten wir beide gar nichts. Dann fragte ich: «Machste das eigentlich wirklich?»

«Was denn?»

«Bestimmen, wo der Hase lang läuft?»

Gott schüttelte den Kopf. «Nicht wirklich. Ich versuch's immer wieder, aber Hasen sind beratungsresistent, was das Thema *Nächtliche Überquerung von Bundesstraßen* angeht.»

Ich nickte abermals. Dann fragte ich: «Das heißt, du bist gar nicht sauer, dass ich ... ich sag jetzt mal ... schon auch ab und zu Scheiße gebaut habe?»

Gott zuckte die Schultern. «Ich bin Gott. Wenn ich gewollt hätte, dass alles nach meinem Plan läuft, hätte ich mir keine Erde mit Menschen zugelegt, sondern ... was weiß ich ... 'ne Kugelbahn. Oder anders gesagt: Hätt ich die Kacke erfunden, wenn ich nicht gewollt hätte, dass ihr ab und zu auch mal draufhaut?»

«Ah. Schöner Spruch», sagte ich. «Dann hätte ich gar kein schlechtes Gewissen haben müssen, als ich meinem Nerv-Nachbarn mal den Außenspiegel abgetreten habe?»

Gott zuckte die Schultern. «Wegen mir nicht. War natürlich 'ne Scheißaktion, aber, hey – Stichwort Kugelbahn!»

Wir schwiegen kurz. Dann deutete Gott auf die Tür. «Ja, also … Wenn du sonst nichts mehr loswerden willst …»

Die Formulierung machte mich neugierig. «Was soll ich denn loswerden?»

Gott zuckte die Schultern. «Was weiß ich … Fragen, Anregungen, Kritik. Zur Welt an sich und deinem Leben im Besonderen.»

«Ich soll … die Schöpfung kritisieren?»

Ich war sprachlos.

«Von mir aus», erwiderte Gott. «Ihr Menschen steht doch da drauf, oder? Bewertungen und so. Kürzlich war hier einer von *Standard and Poor's*. Der war kaum angekommen, da hat er die Welt als Ganzes schon auf Ramschniveau herabgestuft.» Gott schüttelte lachend den Kopf. «Was 'n Spacko. Aber egal. Wenn du keine Kritik hast …»

«Quallen», sagte ich.

«Bitte was?»

«Quallen. Was um alles in der Welt hast du dir gedacht, als du Quallen erschaffen hast?»

«Ähm, *das* beschäftigt dich?»

Ich nickte. «War jetzt so das Erste, das mir einfiel.»

Gott überlegte. «Also, so ausm Effeff kann ich das jetzt gar nicht …» Er nahm einen Ordner aus einem Regal hinter sich und blätterte darin, als stünde dort die Antwort. Dabei sagte er: «Sehen die nicht total majestätisch aus, wenn sie durchs Wasser gleiten?»

«Ja, wenn man sie im Aquarium sieht», erwiderte ich. «Aber so am Strand sehen die nur aus, als hätte ein sehr, sehr großer Fisch ins Wasser geniest.»

Gott versuchte sich zu rechtfertigen. «Na ja, dann sind die bestimmt ein total unverzichtbarer Teil der Nahrungskette und müssen ...»

Ich schüttelte den Kopf. «Ich hab das mal recherchiert: Nur Thunfische, Delfine und Karettschildkröten fressen Quallen. An der Ostsee sind aber auch jede Menge Quallen, und da gibt's weder Thunfische noch Delfine, noch Karettschildkröten. Total unnütz, die Dinger.»

Gott nahm einen Stift. «Okay, ich notier mir das mal ...» Er schrieb etwas auf einen Zettel. Dann legte er seinen Stift weg. «Sonst noch was?»

Ich dachte nach. «Schlaf», sagte ich dann.

Gott schaute unsicher. «Schlaf? Aha. Was genau stört dich daran?»

«Schlaf ist so was Unnützes», sagte ich. «Man kann mittlerweile rund um die Uhr im Internet surfen. Man kann einkaufen, ausgehen – sogar das Bayerische Fernsehen hat die Sendepause abgeschafft. Warum braucht der Mensch eine?»

Gott runzelte die Stirn. Die Frage hatte er offensichtlich noch nicht gehört. «Tja. Da haste eigentlich recht. Weißt ja, wie das ist. Manchmal schleichen sich über Jahre so Sachen ein, die irgendwie niemand mehr hinterfragt, und dann ...»

«Und was hast du dir eigentlich bei der männlichen Körperbehaarung gedacht?»

«Was?», fragte Gott verdattert.

«Na, das macht doch alles überhaupt keinen Sinn. Gerade so, wenn man die dreißig überschritten hat: Haare am Kopf verschwinden ... und tauchen plötzlich am Fuß wieder auf.

Warum? Wenn's draußen kalt ist, lauf ich nicht barfuß, dann brauch ich da unten auch kein Fell!»

Gott schaute mich fassungslos an. «Jetzt mal im Ernst: Das sind die Sachen, die dich am meisten gestört haben? Quallen, Schlaf und Körperbehaarung bei Männern über dreißig?»

Ich zuckte die Schultern. «Wir können auch gerne über Hungersnot, Kriege und Carsten Maschmeyer sprechen!»

Gott schüttelte den Kopf und legte seinen Stift weg. «Sorry, aber das Gespräch geht grade in 'ne völlig falsche Richtung. Entweder du gehst jetzt durch diese Tür, oder wir reden noch mal über die Sache mit dem abgetretenen Außenspiegel.»

«Ich dachte, das ist dir egal?»

«Hab's mir grade anders überlegt.»

«Biste jetzt beleidigt?», fragte ich. «Nur weil ich dich ein bisschen kritisiert habe?»

Gott verdrehte die Augen. Wir schwiegen uns eine Weile an.

Dann fragte er: «Also, was jetzt? Wolke?»

Ich nickte. «Schon gut. Wollte dir nicht die Laune verderben. War alles in allem schon ganz okay da unten.»

«Na, da bin ich aber froh», sagte Gott und drückte mir eine Picknickdecke in die Hand.

«Wofür ist die?», fragte ich.

Gott deutete auf die Beschichtung an der Unterseite der Decke. «Kann auf die Dauer ein bisschen klamm werden auf so 'ner Wolke.»

«Ah», sagte ich. «Sehr umsichtig von dir.»

«Na ja, irgendwas kann halt jeder», sagte Gott. Der sarkastische Ton in seiner Stimme war nicht zu überhören.

Ich lächelte und ging in Richtung Ausgang. Doch kurz vor

der Tür blieb ich stehen. Ich drehte mich wie Columbo auf dem Absatz herum, hob den Zeigefinger und sagte: «Pollen!»

«Bitte was?», fragte Gott.

«Sorry, aber da muss ich jetzt noch mal nachhaken», sagte ich. «Warum hast du die Pollen erschaffen? Weißt du, wie blöd das ist, wenn man morgens aufwacht, die Sonne sieht, sich freut, dann das Fenster aufreißt und sofort niest, prustet und rote Augen kriegt, als hätte einem der durchgeknallte Spee-Fuchs seine Mega-Perls direkt in die Augen gerieben? Ich mein: Ist mir schon klar, dass Bäume sich irgendwie vermehren müssen, aber gab's da nicht irgend 'ne bessere Methode als ausgerechnet ... »

Da bin ich wieder aufgewacht. Jetzt weiß ich nicht, ob ich das alles wirklich nur geträumt habe oder ob Gott einfach keine Lust mehr auf mich hatte. Ist aber auch nicht schlimm. Spätestens, wenn ich irgendwann mal tot umfalle, weiß ich ja, was los ist. Und wenn ich bei bester Gesundheit meinen 300. Geburtstag feiere, auch.

Erste Klasse

Haben Sie's gemerkt? Bis jetzt kein einziger Bahn-Witz in diesem Buch! Und warum? Weil ich *gerne* Bahn fahre.

Glauben Sie mir, ich würde auch viel lieber die Bahn hassen, wie alle anderen. Dann hat man wenigstens immer ein Thema, über das man sich aufregen und lustige Texte schreiben kann. Zwei Drittel der deutschen Humorliteratur bestehen schließlich aus Witzen über unfreundliche Schaffner, lustige Durchsagen in schlechtem Englisch und verspätete Züge. Die Bahn, das ist so eine Art automatischer Futterspender für Humoristen, man muss einfach kurz mit der Nase dranstupsen, schon purzeln die Anekdoten nur so raus. Ein Autor dagegen, der die Bahn mag, wo gibt es denn so was? Das ist doch wie ein Grünen-Abgeordneter mit privatem Atomkraftwerk im Vorgarten.

Und trotzdem: Ich bringe es nicht fertig, die Bahn zu hassen. Natürlich kann man ein bisschen den Kopf schütteln, wenn mal wieder irgendwo zwischen Celle und Uelzen ein achtjähriges Kind ohne Ticket von einem miesgelaunten Zugbegleiter aus dem Fenster geflitscht wird. Das ist nicht schön, das gebe ich zu, fliegende Kinder gefährden schließlich die Wanderer neben dem Bahndamm.

Aber wer jemals an einem Freitagnachmittag mit seinem Auto auf der A3 zwischen Würzburg und Erlangen stand, in zwei Stunden keine fünf Zentimeter vorankam und dem Löwenzahn beim Durch-die-Straßendecke-Brechen zusah, der muss doch *dankbar* sein, dass es so etwas wie die Bahn überhaupt gibt! Was für ein wunderbarer Gedanke, dass da ein

Transportmittel ist, welches einen von A nach B bringt, ohne dass man unterwegs von Gelben Engeln mit Decken und Pfefferminztee versorgt werden muss! Einen eigenen Dankbarkeitsaltar möchte man nach so einem Erlebnis in der Wohnung aufbauen, mit ICE-Ikonen und Auszügen aus dem Heiligen Kursbuch, damit man jeden Morgen davor beten kann: «Gegrüßet seist du, Bahnchef Rüdiger Grube voll der Gnade, du bist gebenedeit unter den Bahnchefs.»

Nein, ich kann mich nicht aufregen über die Deutsche Bahn. Worüber ich mich hingegen phantastisch aufregen kann, sind andere Bahnkunden, die mit mir im Zug sitzen und jede 5-Minuten-Verspätung mit einem schnippischen «Das ist mal wieder soooo typisch Deutsche Bahn!» quittieren. Ein zusammengerolltes *DB-Mobil*-Magazin möchte ich denen über den Kopf ziehen und sagen: «So, jetzt haste was zum Beschweren, elende Nöl-Nulpe! Reiß dich zusammen und bete mit: Gegrüßet seist du, Bahnchef Rüdiger Grube ...»

Weil ich so gerne Bahn fahre, habe ich natürlich auch eine Bahncard. Die gilt für die zweite Klasse. Als ich kürzlich mal wieder von Köln nach Berlin musste, dachte ich mir aber: «Ach, komm, heute gönnste dir was: Fahr mal erster Klasse.»

Das waren dann 180 statt 60 Euro, und jetzt kommt's: Liebe Bahn, ich glaube, ich habe es voll end-verkackt. Ich fürchte, ich habe das Prinzip eurer «ersten Klasse» einfach nicht verstanden. Mein Fehler, total, aber die einzigen Unterschiede zur zweiten Klasse, die mir auffielen, waren eine kostenlose *BILD*-Zeitung, zehn Zentimeter mehr Beinfreiheit und Kaffee in der Porzellantasse statt im Pappbecher. (Und die Erste-Klasse-Kunden um mich herum, aber ganz ehrlich: Die waren kein geldwerter Vorteil. Wenn der zehnte Anzug-Dödel in sein BlackBerry irgendwelchen Unsinn schreit wie: «Frau Schmitz, erinnern Sie mich nachher daran, dass wir noch den Schoko-traum und die Erdbeerwaffeln einpreisen?», dann wünscht man sich ganz schnell ein bisschen Zweite-Klasse-Kunden.)

Das kann doch bestimmt nicht alles gewesen sein, oder? Da kommt man ja selbst bei sehr großzügiger Berechnung der Beinfreiheit, und auch wenn ich die Porzellantasse und die *BILD* anschließend mitgenommen hätte, nicht auf 120 Euro Preisunterschied.

Also los, sagt's mir ruhig: Was habe ich falsch gemacht? Habe ich etwas übersehen? Gab es im Nachbarwaggon ein privates U2-Konzert für Erste-Klasse-Kunden? Goldstaub im Filterkaf-fee? Lomi-Lomi-Massagen im Schaffnerabteil? Oder sind wir schneller gefahren als die zweite Klasse, und ich Dummie habe nur nicht gemerkt, dass wir die unterwegs abgehängt haben? Oder, ach, jetzt habe ich es: Vermutlich hätte ich auf die Frage des Zugbegleiters, ob ich noch etwas aus dem Bordrestaurant will, einfach mal sagen sollen: «Japp, die Kaffeemaschine, die Mikrowelle und die Zapfanlage. Liefern Sie's mir bitte nach Hause.» Stimmt's?

Sagen Sie es mir ruhig, Rüdiger Grube voll der Gnade, und schonen Sie mich nicht. Aber bitte haben Sie Verständnis, wenn ich bis dahin doch lieber wieder zweiter Klasse fahre.

Die wahrscheinlich langweiligste Familie der Welt

«Sorry, das war mein Pflegevater aus seiner Entziehungs-klinik», sagte Matze und steckte sein Handy wieder weg. «Er macht sich Sorgen, weil meine Mama grade von ihrem indischen Guru zurück ist und jetzt Engelstrompeten rauchen will.»

Wir waren auf einer Party, und Matze, ein Autorenkollege, hatte gerade fünf Minuten aufgeregt in sein iPhone gesprochen. Ich stand daneben, knibbelte an meiner Bierflasche herum und schaute in eine andere Richtung. Doch es hatte keinen Zweck. Matze stellte die Frage, vor der ich mich schon gefürchtet hatte:

«Ts, Familie … Ist deine auch so durchgeknallt?»

Die traurige Wahrheit lautet: Nein, ist sie nicht. Absolut nicht. Meine Familie ist so durchgeknallt wie eine Doppelfolge «Neues aus Büttenwarder». Unsere Geschichte lässt sich in 30 Sekunden erzählen: Eltern im Job kennengelernt, Haus gebaut, Kinder gezeugt, großgezogen, Kinder ausm Haus, alle kommen zurecht, Eltern immer noch zusammen und glücklich. Ende. Der Traum aller Familienpolitiker, kein Zweifel, aber eine HBO-Serie könnte man nicht unbedingt daraus stricken.

Selbst wenn man das Feld auf Onkels und Tanten erweitert, wird es nicht aufregender. Wir haben nicht mal eine ordentliche Scheidung in der Familie. Von Fremdgehern und unehelichen Kindern ganz zu schweigen. Und Geschichten von Entziehungskuren und Engelstrompeten – da träume ich von! Der größte Aufreger, der mir gerade einfällt, ist mein Onkel Herbert, der für seine Frau evangelisch geworden ist. Hui! Evangelisch!

That's as crazy as it gets.

Das ist natürlich auch nichts Schlimmes. Für uns als Kinder war diese Unaufgeregtheit sicher auch von Vorteil. Aber ich merke immer öfter, dass mir dadurch heute ein sehr wichtiges Gesprächsthema einfach fehlt. Beim großen Familien-Katastrophen-Quartett auf Partys habe ich zuverlässig das beschissenste Blatt. Ständig höre ich Sätze wie: «Mein Vater – also mein *leiblicher* Vater …» Oder: «Mein Bruder hat auf seinem letzten Hafturlaub …» Oder mein bisheriger Lieblings-Gesprächsanfang: «Also, meine beiden Mamas …»

Und wehe, ich versuche doch mal mitzuhalten! Erst kürzlich saß ich mit Bekannten in einem Restaurant, und nachdem einer von ihnen eine Räuberpistole nach der anderen aus seiner eigenen Familie erzählt hatte (Drogen! Knast! Onkel Rüdiger, der lieber eine Tante wäre!), fragte er: «Habt ihr auch irgendwelche Schocker in der Familie?», und schaute dabei direkt zu mir.

«Du, äh … klar! Klar haben wir die», antwortete ich, nur um nicht nichts zu sagen.

Leider hakte er sofort nach. «Was denn?»

Ich kramte in meinen Erinnerungen und erzählte dann das Einzige, was mir in diesem Moment einfiel.

«Ja, also meine Cousine zum Beispiel, die … ähm … die raucht.»

Alle schauten mich irritiert an.

«Raucht was? Crack oder wie?», fragte einer dann.

«Nee ...», sagte ich, und mein Gesicht fing schon an zu glühen. «Marlboro light.»

In Sekundenbruchteilen hatte ich nicht nur die gebündelte Aufmerksamkeit verloren, sondern auch den Respekt aller am Tisch. Schnell schob ich deshalb hinterher: «Aber den Filter macht sie immer ab.»

Es wurde nicht wirklich besser.

Wir haben noch nicht mal ausländische Familienmitglieder, obwohl das eigentlich jeder begrüßen würde. Gerade ich, denn als Autor ist es richtig hinderlich, nur deutsch aufzuwachsen. Während der Entstehung dieses Buches wies mich mein Lektor ganz vorsichtig darauf hin, dass es marketingtechnisch wahnsinnig günstig wäre, wenn ich irgendwo in meiner Familie noch einen kleinen Migrationshintergrund finden würde.

«Das machen momentan alle», sagte er. «Urplötzlich entdecken die Leute einen entfernten ... was weiß ich: arabischen Schwippschwager, und schon kann man das Ganze als Ethno-Comedy verkaufen. Was meinst du, wie die Leute uns das Buch aus der Hand reißen, wenn wir es ‹Hummus ist keine Gartenerde – Erkenntnisse aus meinem deutsch-arabischen Leben› nennen!»

So beharrlich redete er auf mich ein, dass ich irgendwann zu meinen Eltern fuhr und sie zum Gespräch bat. Ich dachte: Vielleicht gibt es ja doch etwas in unserem Stammbaum, von dem ich nichts wusste. Ich saß ihnen also gegenüber, musterte sie lange und startete dann einen schüchternen Versuch. «Papa, eine Frage ... Du hast ja diesen sehr dichten, dunklen ... fast schon orientalischen Schnauzbart ...»

Ich brach ab. Es hatte einfach keinen Sinn. Stattdessen bot

ich meinem Lektor aus lauter Verzweiflung an, das Buch «Maria, er schmeckt nicht – Geschichten von meiner Kannibalensippe» zu nennen. Er fand allerdings, dass wir da ein Glaubwürdigkeitsproblem kriegen könnten.

Ich erzähle das nur, um zu erklären, was auf der oben erwähnten Party geschah, nachdem Matze seine Frage gestellt hatte. Wahrscheinlich wollte ich einfach mal mithalten können. Auch mal was zu erzählen haben. Auch mal beim Quartett gewinnen. Und so beschloss ich, die Wahrheit ein bisschen aufzupimpen. Nicht zu viel, klar, sonst glaubt's einem ja keiner.

Ich sagte also lediglich:

«Du, ich kann da nicht so mitreden, ich kenne meine Familie kaum. Ich wurde ja in diese buddhistisch-orthodoxe Naturreligionssekte hineingeboren, und mein Vater, also mein leiblicher Vater – nicht der Stiefvater und erst recht nicht der Pflegevater –, der war gar nicht in der Lage, sich um mich zu kümmern. Klar, das Kokain, das Heroin, der Tollkirschen-Kompott! Wenn du mich fragst, hat die Zeit mit Elvis und den Stones ihn einfach versaut. Als dann mein Bruder mich während eines Hafturlaubs aus seiner texanischen Todeszelle an einer Crackpfeife hat ziehen lassen, beschloss eine meiner drei Mamas, dass das keine Umgebung für ein Kind ist. Und da meine Tante Heinz-Bert aus Abu Dhabi mich auch nicht aufnehmen wollte, haben sie mich im Wald ausgesetzt.»

Ich legte eine Kunstpause ein und ergänzte dann:

«Tja, und so kam es eben, dass ich … von Wölfen großgezogen wurde.»

Ich bin mir nicht ganz sicher, aber ich fürchte, mit dem letzten Satz habe ich Matze ein bisschen verloren.

Habibi

«Habibi» ist arabisch, bedeutet so viel wie «Freund» und wird oft als Begrüßungsformel benutzt.

Ich schreibe das hier nur als kleinen Service auf, falls irgendeiner meiner Leser mal in den orientalischen Imbiss «Habibi» auf der Zülpicher Straße in Köln gehen sollte.

Ich selbst kannte die Bedeutung des Wortes nämlich nicht, und deshalb kam es dort zu folgender Szene:

Ich betrat das vollbesetzte Restaurant, stellte mich an die Theke und studierte die große Speisekarte, die über der Essensausgabe hing. Schnell entschied ich mich für das Gericht «Habibi», einen bunten Mix aus allen Spezialitäten der arabischen Küche. Da kam auch schon der Koch, ein stämmiger Libanese mit Schürze und Polohemd, aus seiner Ecke heraus, schaute mich an und fragte:

«Habibi?»

Ich war überrascht. «Woher wissen Sie das?»

Der Koch verstand kein Wort. «Hä?»

«Na, woher wissen Sie, dass ich Habibi will?»

Er schüttelte den Kopf. «Wusst ich gar nix. Wollt ich nur wissen, was du willst essen, Habibi!»

Allmählich wurde ich unsicher. «Ja eben: Habibi!»

Endlich verstand der Koch und lachte. «Ach, Habibi-*Teller!*»

Ich lachte mit. «Ja, genau. Habibi-Teller. Ich dachte nur … Also, da oben heißt es nämlich nur *Habibi*.»

Der Koch grinste immer noch und erklärte: «Habibi, Habibi-Teller – ist alles deselbe, kann man so sagen oder so!» Dann deutete er zu den Tischen, sagte: «Setzt du dich hin, dauert zehn Minuten, Habibi», und bediente den nächsten Kunden.

Leicht verunsichert suchte ich mir einen blickgeschützten Platz in einer Ecke des Restaurants und holte mein Smartphone heraus. Ich wollte sofort das Wort *Habibi* googeln, kam aber nicht weit, denn schon nach wenigen Sekunden rief der Koch quer durch den Raum: «Habibi?»

Ich sprang auf und ging zur Theke. Mein neuer arabischer Freund jedoch verdrehte nur die Augen. «Nein, nicht du, Habibi!», sagte er, als wäre es das Dümmste, was er seit langem erlebt hätte. «Ich mein de Habibi da drüben!» Er deutete auf einen Typen, der gerade ein Falafelsandwich gekauft hatte. «Kriegst du noch zwei Euro zurück, Habibi!», rief ihm der Koch zu.

«Ah, alles klar», sagte ich kleinlaut, während der Kunde sein Geld entgegennahm. Ich setzte mich wieder hin und schwor mir: Das nächste Mal stelle ich erst Augenkontakt mit dem Koch her und stehe nur dann auf, wenn ich sicher bin, dass er mich meint. Leider ist das etwas schwierig, wenn man in einer blickgeschützten Ecke sitzt.

Als wenige Minuten später wieder ein «Habibi?»-Ruf aus der Küche ertönte, beschloss ich also, auf Nummer sicher zu gehen und einfach sitzen zu bleiben.

Doch es stand auch sonst niemand auf. Und so rief der Koch zum zweiten Mal: «Habibi?»

«Bleib sitzen!», dachte ich mir. «Bleib sitzen, du machst dich sonst zum totalen Hampel-Habibi!»

Aber schon wenige Sekunden später brüllte der Koch hörbar genervt: «Habibi-Teller?»

Ich sprang auf und konnte mir ein «Ha, jetzt aber!» nicht verkneifen.

Der Koch dagegen rollte, als er mich sah, wieder mit den Augen. «Ja, schon Habibi-Teller, Habibi, aber von de Habibi da drüben!» Er deutete auf einen anderen Kunden, der Kopfhörer im Ohr hatte und stumpf vor sich hin glotzte. Erst als wir ihn anschauten, wurde er aufmerksam und nahm seine Stöpsel aus dem Ohr.

«Ach, ist das der Habibi-Teller?», fragte er.

«Warum, meinst du, ruf ich Habibi-Teller, Habibi, wenn nicht ist Habibi-Teller?», fragte der Koch.

«Aber echt, du ... Habibi!», pflichtete ich ihm gereizt bei.

«Wer bist du denn?», fragte der Typ verständnislos.

«Ich bin ...», setzte ich an, wusste dann aber auch keine sinnvolle Antwort und ergänzte deshalb deutlich leiser: «... da drüben in der Ecke, wenn mich jemand sucht.»

Um es abzukürzen: Der nächste Habibi-Teller war für mich, es schmeckte hervorragend, und ich ging anschließend zur Kasse. Vor mir stand noch ein anderer Kunde und las die Speisekarte, bis er vom Koch begrüßt wurde: «Habibi?»

«Nee», sagte der Neue und schüttelte den Kopf. «Ich hätt gern den Falafel-Teller.»

«Ts», prustete ich. «Anfänger!»

Souvenir, Souvenir!

Ich bin kein Sammler. Noch nie gewesen. Menschen, die sich Jahresteller, Happy Hippos oder «alles, was irgendwie mit Elefanten zu tun hat», in die Wohnung stellen, machen mir tendenziell ein bisschen Angst. Auch mit Urlaubssouvenirs tue ich mich schwer. Warum soll ich Sachen aus Ländern, die mir gefallen haben, auf meinen Möbeln platzieren? Damit ich immer wieder draufschaue und mir denke: «Ach ja, *da* war's schön. Aber jetzt bin ich wieder in Deutschland – na bravo!»? Das kann doch nicht der Sinn sein.

Deshalb bin ich immer wieder erstaunt, was Menschen nach einer Urlaubsreise ins Handgepäckfach stopfen. Musikinstrumente, handgeschnitzte Kommoden, Einbaum-Kanus – offensichtlich sind viele trotz Globalisierung noch immer überzeugt, dass man gewisse Dinge nirgends so günstig und in so guter Qualität bekommt wie von dem schief grinsenden Straßenverkäufer in Lumbu Bumbu. Oder haben sie vielleicht Angst, dass sie irgendwann im Wohnzimmer sitzen und sich denken: «Mensch … Giraffen – wie sahen die noch mal aus? Hätte ich mir damals doch eine aus Holz mitgebracht, dann könnte ich die jetzt anschauen.»

Und so beobachteten Stefan und ich auf dem Rückflug von Mauritius amüsiert eine Frau, die einen riesigen Holz-Dodo, das Wappentier des Landes, in eine Ablage einige Reihen vor uns stopfte. Der Dodo ist, nein: war ein flugunfähiger Vogel,

der lange Zeit auf Mauritius lebte. Er war sehr menschen-
freundlich, leider waren die meisten Menschen nicht besonders Dodo-freundlich, und schließlich wurde der letzte von
einem gelangweilten Holländer erschlagen. Seitdem ist der
Dodo *das* Standardsouvenir aus Mauritius. Wobei ich es einen
lustigen Gedanken finde, dass sich Menschen als Erinnerung
an ein so artenreiches Land wie Mauritius genau das *eine* Tier
auf die Kommode stellen, das es dort nicht mehr gibt. Das ist,
wie wenn sich Deutschland-Urlauber als Erinnerung an den
Schwarzwald ein Mammut auf die Kommode stellen würden.
Oder noch besser: alles, was irgendwie mit Mammuts zu tun
hat.

Die Frau war jedoch sichtlich stolz auf ihren Kauf. Es handelte
sich um eine dieser resoluten Damen, die sich sonntagnachmittags mit Hildchen und Luise zu einer Runde Nordic Walking verabreden, dann in die Ballonseide springen, eine halbe
Stunde im Stadtwald Skistöcke hinter sich herschleifen und
sich anschließend auf die Käsesahne stürzen. Offensichtlich
hatte sie auf Mauritius einen längeren Urlaub verbracht, denn
sie hatte einen so dunklen Teint, dass man sie, nackt auf einem
Mahagoni-Schreibtisch liegend, niemals gefunden hätte. Die
Sonne schien ihre Laune jedoch nicht dauerhaft verbessert zu
haben. Verbissen drückte sie ihr Souvenir in die prall gefüllte
Ablage und quäkte dabei: «Der Dodo muss da rein!» Dann
motzte sie einen anderen, etwas dickeren Passagier an: «Nehmen Sie doch Ihren Trolley auf die Beine, die sind doch weich
gepolstert!» Stefan und ich grinsten vor uns hin, allerdings ver-
ging uns das Grinsen schnell, denn als der Dodo verstaut war,
steuerte die Dame schnurstracks auf unsere Reihe zu, krab-
belte umständlich mit ihrem Rucksack über uns und ließ sich

mit einem «Haben wohl gedacht, Sie hätten den Platz für sich, was?» auf den Fensterplatz fallen. (Übrigens: Falls Sie jemals mit mir zusammen in einen Flieger steigen, freuen Sie sich und lehnen Sie sich entspannt zurück: Die Verrückten sitzen nämlich immer neben *mir*!) Sofort merkte ich, dass die Dame sich noch ein zweites Souvenir mitgebracht hatte: Vanille. Die wird auf Mauritius angebaut. Beziehungsweise: *wurde*. Denn dem Duft nach zu urteilen, hatte meine Sitznachbarin nicht eine Schote auf der Insel zurückgelassen.

«Riechst du das?», fragte mich Stefan.

«Wie soll man das *nicht* riechen?», fragte ich zurück. Ich wandte mich der Frau zu, deutete auf ihren Rucksack und fragte scherzhaft: «Na, haben Sie 'ne Wunderbaum-Fabrik überfallen?»

Sie schaute mich an, als hätte ich ihren Dodo geköpft. Dann holte sie eine dünne Plastiktüte mit mindestens 50 Vanilleschoten hervor und hielt sie mir unter die Nase «Feinste Mauritische Vanille! In so guter Qualität kriegt man die bei uns gar nicht!» Das hielt ich für eine gewagte Theorie. Ich erwog kurz, die Frau zu einer Vanille-Blindverkostung zu mir nach Hause einzuladen. Dann bekam ich aber Angst, dass sie sich auf meine dunkle TV-Bank legt und ich sie nie mehr wiederfinde.

Ich lehnte mich also zurück und versuchte der süßlichen Wolke auszuweichen, die sich immer mehr zwischen uns ausbreitete. Es ging nicht. Ein klebriger Nebel, der nach Gebäck und neuen Starbucks-Kreationen roch, umhüllte mich und meine Geruchsnerven.

Ein Freund hat mir mal erzählt, dass er einen in München gekauften Leberkäse nicht mit ins Flugzeug nehmen durfte, weil das Fleischbrät noch nicht gebacken war und somit als

Flüssigkeit und potenzielle terroristische Bedrohung galt. Umso rätselhafter finde ich, dass jemand mit 50 Vanilleschoten an Bord darf. Denn während mir wirklich schleierhaft ist, wie man mit zwei Kilo Leberkäse ein Passagierflugzeug in die Luft sprengen soll, kann man mit so viel Vanille jede Besatzung betäuben.

Der Duft wurde immer unerträglicher. Ich drehte mich zu Stefan. «Ich kann nicht mehr!»

«Denk einfach an was anderes!», versuchte er mich zu beruhigen.

Ich probierte es. Das Einzige, was mir einfiel, waren jedoch Vanillepudding, Vanillekipferl und Tic Tacs. Die schmecken zwar nach Pfefferminz; im ersten Moment, wenn man sie in den Mund gibt, haben sie aber einen leichten Vanillegeschmack. Die Tatsache, dass ich mir solchen Unsinn merke, machte mich direkt noch wahnsinniger.

Ich versuchte also irgendwie bei Besinnung zu bleiben und las die Anzeigen auf dem Mittelgang-Monitor. «Flughöhe 30 000 Fuß. Außentemperatur: minus 35° C.» Wen interessiert denn das? Gibt es wirklich Menschen, die sich im Flieger denken: «Ui, das ist aber kalt da draußen, da lass ich das Fenster lieber zu.»?

Meine Stimmung trudelte derweil in ungeahnte Tiefen. Aber dann kam die schlimmste Anzeige: «Verbleibende Flugzeit: 11 Stunden.»

Ich wusste, dass ich das nicht überstehen würde. «Stefan, ich gehe!»

Er schaute mich verwundert an. «Du hast schon verstanden, dass wir in der Luft sind, oder?»

«Ich setz mich um», erwiderte ich unwirsch, klingelte nach der Flugbegleiterin und fragte sie nach einem anderen

Sitzplatz. Offensichtlich war ich nicht der Erste, dem auf einem Mauritiusflug so etwas passiert ist. Die Stewardess schnupperte nämlich nur kurz, verstand sofort und führte mich unter den beleidigten Schmährufen der menschgewordenen Vanilleschote und einem leicht beschämten Kopfschütteln meines Freundes zehn Reihen nach vorne.

Ich war erleichtert. Weg aus dem Vanille-Armageddon, dachte ich, weg von Frau Dodo mit der Mahagoni-Haut, weg, weg, weg!

Doch als ich mich gerade auf den Platz fallen lassen wollte, schaute mich mein neuer Sitznachbar an und fischte aus seiner Tasche vier braune Ylang-Ylang-Ölfläschchen – die streng duftende Nummer drei unter den Mauritius-Souvenirs. Er verzog das Gesicht und jammerte mir in breitestem Schwäbisch entgegen: «Isch alles ausgloufe! Dr ganze Ruggsagg schtingt!» Fünf Sekunden später saß ich wieder zwischen Stefan und Misses Vanilli.

Irgendwann sind wir dann gelandet. Mir war noch nie so sehr nach etwas Würzigem zumute. Stefan zog mich wortlos zu einem McDonald's-Schalter und bestellte für mich «einen Big-Mac und 'ne große Portion Pommes».

«Und noch zwei Pommes extra», rief ich dazwischen. «Für die Nasenlöcher!»

Der Verkäufer schaute mich an. «Noch 'nen Vanilleshake dazu?»

«Ich glaube nicht.»

Sprich! Mich! An!

Manchmal merkt man einfach, dass ich vom Land komme. Mir selbst fiel das kürzlich wieder auf, als ich in Berlin in einem Hotel auf der Oranienburger Straße übernachtete und mir erst nach vier Tagen bewusst wurde, dass sich direkt vor der Tür der Straßenstrich befand. Ich war danach nicht ganz sicher, ob ich einfach komplett tittenblind bin oder nur wahnsinnig naiv.

Zu meiner Beruhigung hat mich dann Marc besucht, ein alter Freund aus meinem Heimatort. Wir gingen gemeinsam über die Oranienburger Straße, und da Marc wirklich sehr gut, sehr wohlhabend und zu allem Überfluss auch noch ein bisschen stumpf aussieht, gaben die Prostituierten alles. Eine räkelte sich sogar auf einer Kühlerhaube, lächelte Marc zu, leckte sich die Lippen und spielte an ihren Brustwarzen herum. Marc schaute sich das Ganze im Vorbeigehen an und sagte kopfschüttelnd zu mir: «Na, die muss sich aber auch nicht wundern, wenn sie blöd angequatscht wird.»

Henry dagegen, ein Freund aus Kreuzberg, wusste genau, was auf der Oranienburger Straße geboten wird, und besuchte mich eines Abends aus ebendiesem Grund. «Los, wir gehen Nutten gucken!», sagte er, keine zwei Sekunden nachdem er in meinem Hotelzimmer stand.

«Warum?», fragte ich. «Wenn ich mich richtig erinnere, machen wir uns beide nichts aus Frauen, oder?»

«Ja, eben!», sagte Henry. «Ich weiß schon genau, was ich sage, wenn uns eine anspricht.»

«Ich muss jetzt mit dir auf die Oranienburger Straße, nur damit du 'nen lockeren Spruch loswerden kannst?»

Henry legte den Kopf schief. «Darf ich dich daran erinnern, dass wir uns beide auf deine Idee hin mit siebzehn als Sensenmänner verkleidet haben und in dieses Oma-Café gegangen sind? Damit du mal sagen konntest: ‹Wir schauen uns nur um!›»

Da hatte er leider recht. Ich wusste damals aber nicht, dass er mir das auch noch achtzehn Jahre später vorhalten würde.

Also stimmte ich seufzend zu, und wir gingen los.

Als wir die ersten Mädchen sahen, die wenige Meter vor uns betrunkene amerikanische Touristen angruben, wurde Henry richtig aufgeregt. «O Mann, geil! Guck dir die da vorne an! Die ganze Orsay-Kollektion an einem einzigen Körper … »

Nachdem die Amis weitergezogen waren, legte Henry einen Zahn zu. «Jetzt pass auf.»

Er setzte eine neutrale Miene auf, und wir gingen an den ersten beiden Damen vorbei. Nichts geschah. Die eine schaute gelangweilt auf ihre neonrosa Fingernägel, die andere tippte auf dem Handy herum.

Als wir vorbei waren, fragte Henry mich irritiert: «Warum sprechen die uns nicht an?»

Ich zuckte die Schultern. «Weil wir schwul sind!»

Henry prustete: «Das wissen die doch nicht!»

«Doch», sagte ich. «Das wissen die.»

Prostituierte merken so etwas tatsächlich sofort. Ich bin noch nie in meinem Leben von einer angesprochen worden, egal ob in Hamburg oder in Berlin, und das, obwohl ich weder bauchfreie Tops noch arschfreie Lederhosen trage. Die riechen das einfach. Falls Sie, liebe Eltern, einen Sohn haben, über dessen sexuelle Orientierung Sie sich etwas im Unklaren sind, gehen Sie mit ihm mal die Herbertstraße entlang. Wenn dann der Vater angegraben, die Mutter angespuckt, der Sohn dagegen noch nicht einmal angeschaut wird, dann ist es Zeit, den Traum vom Enkelkind zu begraben.

Henry wollte meine Theorie nicht akzeptieren.

«Wahrscheinlich hatten die grade 'nen Freier und machen 'ne kleine Pause.»

«Klar», sagte ich. «Kennt man ja: Nach jedem Fick ein Knoppers-Päuschen. Steht, glaub ich, im Nutten-Tarifvertrag.»

Henry ignorierte mich und steuerte auf die nächste Prostituierte zu. Um etwas heterosexueller zu wirken, ging er diesmal so breitbeinig, dass ein Kind ohne Schwierigkeiten auf einem Bobbycar durch die Lücke hätte fahren können. Und weil ihm das offenbar noch nicht reichte, spuckte er sogar auf die Straße. Aber auch das half nichts. Die Prostituierte schaute nur kurz gelangweilt auf den Speichelfleck, schüttelte den Kopf und drehte sich zur anderen Seite.

Ich taperte auf Henry zu, der stehen geblieben war und genervt auf seiner Lippe herumkaute.

«Verdammt», sagte er. «Ich will meinen Satz loswerden! Hab ich so lang geprobt!»

Er schwieg einen Moment, dann brummte er: «Geh du mal ein paar Schritte voraus!»

«Warum?», fragte ich.

«Mach einfach!»

«Ach, du meinst, es liegt an mir?», fragte ich einigermaßen amüsiert.

Henry nickte und deutete auf meinen Kopf. «Ich wollte dir das schon lange mal sagen: So 'ne Glatze kommt einfach wahnsinnig schwul rüber.»

«Ah, natürlich», erwiderte ich. «Sag das doch bitte bei Gelegenheit mal den Jungs in Mecklenburg-Vorpommern.»

Henry hörte mir gar nicht zu. Er blieb einfach stehen und scheuchte mich mit einer unwirschen Handbewegung und einem «Ksst, kssst» voraus. Kopfschüttelnd ging ich weiter. Dann zog Henry nach. Er schlenderte auf eine Prostituierte zu, tat, als würde er Kaugummi kauen, und nickte ihr schließlich sogar zu. Aber nichts geschah. Das Mädchen schaute weg. Ich konnte mir ein Grinsen nicht verkneifen. Da platzte Henry der Kragen. Er drehte um, steuerte auf die Frau zu und sagte: «Entschuldigung?»

Sie schaute gelangweilt hoch.

«Entschuldigung, ich muss Sie jetzt mal was fragen», blaffte Henry sie an. «Warum sprechen Sie mich nicht an? Haben Sie zu viel Geld? Sind Sie ausgebucht? Haben Sie geerbt?»

Die Prostituierte runzelte die Stirn, ließ dann zweimal teilnahmslos ihr Zungenpiercing durch die Lippen spitzen und sagte: «Schatzi, wat soll ick von dir denn wohl wollen? Schminktipps?»

Das war zu viel für Henry. Er riss den Mund auf, stemmte die Arme in die Hüfte, schnappte nach Luft und wollte gerade loslegen. Doch ich zog ihn schnell weg und raunte: «Henry, dein Cocktail hat angerufen. Er möchte dringend aus der Bar abgeholt werden.»

Fünf Cocktails und einige Biere später torkelten wir wieder zu meinem Hotel. «Is ja doch noch 'n schöner Abend geworden, was?», lallte ich.

Henry nickte. «Stimmt», lallte er zurück. «Aber eins muss ich noch erledigen!»

Bevor ich reagieren konnte, riss er sich von mir los und

rannte wieder auf die Prostituierte von vorhin zu. Er baute sich – so gut es noch ging – vor ihr auf und brüllte:

«Sprich mich an! Sprich mich sofort an!» Dann zog er eine unsichtbare Peitsche aus der Tasche, ließ sie durch die Luft schnalzen und rief dazu noch einmal im verschärften Befehlston: «Sprich! Mich! An!»

Das Mädchen verdrehte die Augen. Da ich Henry mittlerweile eingeholt hatte, schaute sie uns beide an, hatte dann offensichtlich Erbarmen und sagte: «Na jut, Jungs, ick würd zwar ooch ohne Straßenbeleuchtung, mit Augenbinde und zujehaltener Nase erkennen, dat ihr zwee Rosettenbügler seid. Aber von mir aus: Soll ick euch een blasen?»

Henrys Gesicht hellte sich auf. Das war sein großer Moment. Ich konnte es regelrecht sehen: Er kramte in den Ecken seines Gehirns, die noch nicht von Mojito, Mai Thai und Beck's überflutet waren, nach dem Satz, den er sich zurechtgelegt hatte. Nun kam er endlich, endlich zum Zug. Er holte tief Luft und sagte: «Nee! Wir schauen uns nur um!»

Ich stutzte und drehte mich zu Henry. «Was?»

Die Frau reagierte ebenfalls verdattert. «Wat?» Sie schaute mich an. «Wat sacht er? Dit macht doch gar keen Sinn!»

Ich schüttelte stumm den Kopf.

Henry sackte in sich zusammen und wurde mit einem Schlag sehr traurig. «Ich weiß», jammerte er und lehnte sich an meine Schulter. «Aber den anderen Satz hab ich vergessen.»

Ich brachte ihn dann nach Hause.

Wenigstens sind wir jetzt quitt.

Noch Fragen?

Es geht einfach nicht. Man kann auf knapp 200 Seiten nicht alle Fragen beantworten, die einen so beschäftigen. Klar, ich könnte noch ein paar Seiten dranhängen, aber wann soll ich denn dann die «Lange Nacht der Museen» besuchen, bei einem Flashmob am Hauptbahnhof mittanzen und Kurse für chinesischen Obertongesang belegen?

Trotzdem: Ein paar Fragen muss ich noch loswerden, weil sie mich sonst garantiert nicht schlafen lassen und Stefan mir dann schon morgen früh zuflüstern wird: «Wenn du eh nicht schlafen kannst, geh doch mit dem Hund raus!»
Also:

✳ Passiert es nur mir ständig, dass sich beim Umarmen anderer Menschen mein Ohr an deren Wange festsaugt?

✳ Noch mal: Chicorée? Wer zur Hölle braucht Chicorée???

✳ Was bedeutet es, wenn sich in der Umkleide meines Fitness-Studios ein Mann drei Minuten lang voller Hingabe die Armbeugen föhnt?

✳ Wenn bei meinem Bäcker ein Schild hängt: «Über nicht verkaufte Ware freuen sich täglich Kölner Obdachlosen-Organisationen» – wie soll ich denen denn da noch guten Gewissens ein Teilchen wegkaufen?

✳ Kann man vom Aufhängen weißer Wäsche in der Sonne schneeblind werden?

✳ Ist es eigentlich arg scheinheilig, wenn man nachts um vier bei McDonald's hochzufrieden einen Hüttengaudi-Burger in sich hineinstopft, auf das dazugehörige Plakat starrt und sich dabei denkt: «Also, dass der Schuhbeck für so was Werbung macht – der hat ja wohl gar keinen Stolz!»

✳ Warum werden Chips, die man draußen stehen lässt, weich und Brezeln, die man draußen stehen lässt, hart?

✳ Und was für eine Verbform benutzte eigentlich der Typ, der kürzlich neben mir in der Bahn am Telefon mit seiner Mutter übers Abendessen sprach und dabei sagte: «Wär schön, wenn was übrig bläbe.»?

Vielleicht können Sie mich da ja aufklären. Wenn ja, schreiben Sie mir doch einfach eine Mail: **markus@markus-barth.de** Oder auch einen E-Postbrief, falls Ihnen so eine Mail zu kostenlos ist.

Wär schön, wenn ich ein paar Antworten beküme.

Epilog: 5 Sterne

Drei Wochen nach Erscheinen meines erstens Buches, «Der Genitiv ist dem Streber sein Sex», rief mich mein Lektor an und brüllte: «Platz 9! Dein Buch ist bei Amazon auf Platz 9 der erotischen Literatur!»

«Ähm … kann ich das Wort vor ‹Literatur› noch mal hören?», fragte ich.

«Ja, keine Ahnung, wie es auf diese Liste kommt. Ist doch auch egal. Platz 9! Mit ein bisschen Glück überholst du noch ‹Hurenherz› und ‹Gefangener der Begierde›. Wobei die natürlich beide sehr gut sind.» Dann nahm seine Stimme einen geschäftsmäßigen Ton an. «Und jetzt sag mal deinen Freunden, die sollen sich rezensionstechnisch ein bisschen ins Zeug legen.»

Ich musste lachen. «Du willst doch nicht ernsthaft, dass ich meine Freunde um irgendwelche Amazon-Kritiken anbettle, oder?»

Mein Lektor lachte ebenfalls. «Natürlich nicht. Du sollst sie um *positive* Kritiken anbetteln. Macht schließlich jeder. Kennst du nicht die goldene Vierer-Regel? Rezension 1 bis 3 kannste bei Amazon immer überspringen. Die sind von den besten Freunden. Ab Nummer vier wird's interessant.»

Ich dachte kurz nach. Zum einen darüber, wie verderbt die Welt doch ist. Zum anderen, warum von meinen besten Freunden noch keiner auf diese Idee gekommen ist.

Die nächsten Tage verbrachte ich damit, mir eine möglichst unpeinliche Art zu überlegen, wie ich meinen Bekanntenkreis um Bewertungen bitten könnte. Mir fiel keine ein.

Eine Woche später rief mein Lektor wieder an «Wo bleiben die Kritiken?»

«Ich kann das nicht», antwortete ich genervt. «Ich würde sterben vor Scham.»

«Für sein erstes Buch darf man ruhig ein bisschen sterben. Denk doch auch mal an den Verlag!», sagte er. «Aber gut, wenn du meinst. Du bist übrigens mittlerweile auf Platz 37 abgerutscht. Noch hinter ‹Wollust am Werwolfshügel›. Aber das scheint dir ja egal zu sein.»

War es mir leider nicht. Ich verabredete mich deshalb mit meinem Freund Mike zu einem Kneipenabend. Als wir beide schon alle Lichter anhatten, sagte ich zu ihm: «Follender Vorschlach: Ich sahl den Deggel, dafür schreibst du mir was Nettes bei Amazon rein, okee?»

Mike stimmte sofort zu.

Am nächsten Morgen wachte ich nicht nur mit dröhnenden Kopfschmerzen auf, sondern auch mit dem schlechtesten Gewissen meines Lebens. Ich hatte es getan. Und ich hatte sogar Geld dafür bezahlt. 34 Euro. Für 18 Kölsch und zwei Packungen Erdnüsse. Ich rief sofort Mike an, um die Sache abzublasen.

«Zu spät», sagte er, nicht ohne Stolz. «Hab ich gestern Nacht noch gemacht.»

Ich schaute sofort bei Amazon nach und fand die Rezension von einem gewissen «GratistrinkerKöln». Sehr nette, wenn auch – vermutlich alkoholbedingt – etwas wirre Worte. Doch dann schaute ich auf die Bewertungsleiste über Mikes Rezension und zählte die Sterne, die er für mein Buch vergeben hatte. Da fiel mir etwas auf.

«*Drei* Sterne?», fragte ich ihn entgeistert.

«Klar, ist doch gut, oder?»

«Nein! *Fünf* Sterne ist gut! *Drei* Sterne ist *überhaupt nicht gut!*», antwortete ich fassungslos.

«Markus, ich hab mal recherchiert», erklärte Mike. «Die Einheitsübersetzung der Bibel hat vier Sterne. Da kann ich dir ja wohl keine fünf geben. Oder willst du sagen, dein Buch ist besser als die Bibel?»

«Nein, natürlich … ich mein … Aber der Sinn war doch …» Dann fiel mir nichts mehr ein. Außer ein kraftloses «Du schuldest mir 17 Euro».

Ich legte auf und akzeptierte die drei Sterne als gerechte Strafe für meinen Prinzipienverrat. Da erreichte mich eine E-Mail meines Lektors. «Na, bravo. Jetzt ist auch noch ‹Die Pestärztin der Lust› an dir vorbeigezogen.»

Ganz ehrlich: Ich war schon mal trauriger.

Danke ...

... Tanja Sawitzki (fürs Probelesen, Wii-Partys und Kangaroo-Poo), Nik Wildenauer (mein *Straight Eye for the Queer Guy*), Ralph Ruthe (für so manchen Tipp zum verrückten Zwischennetz), Anke Köwenig (für schier unbremsbaren Optimismus), Barbara Schwerfel (fürs Rücken-Freihalten), Hülya Doğan-Netenjakob (für Herz und Bauch gegen zu viel Kopf), dem Kölner Atelier-Theater (fürs Ausprobieren-Lassen), Anke Engelke und Moritz Netenjakob (für warme Worte), Marcus Gärtner (für ein schönes Grundvertrauen) und Joachim Schmitt (für alles).